LE GOÛT DU MEURTRE

Mörderische Kurzkrimis
zum Französischlernen

von Dominic Butler
und Virginie Pironin

PONS GmbH
Stuttgart

PONS
LE GOÛT DU MEURTRE

Mörderische Kurzkrimis

zum Französischlernen

von Dominic Butler und Virginie Pironin

Alle in diesem Buch geschilderten Handlungen und Personen sind frei erfunden. Ähnlichkeiten mit lebenden oder verstorbenen Personen wären rein zufällig.

PONS verpflichtet sich, den Zugriff auf die zu diesem Buch gehörige Vokabeltrainer-App mindestens bis Ende 2023 zu gewährleisten. Einen Anspruch der Nutzung darüber hinaus gibt es nicht.

1. Auflage 2021

© PONS GmbH, Stuttgart 2021
Alle Rechte vorbehalten

PONS Online-Wörterbuch: www.pons.eu
E-Mail: info@pons.de

Projektleitung und Redaktion: Majka Dischler
Autor: Dominic Butler; übersetzt und übertragen ins Französische von Virginie Pironin
Korrektorat: Fabienne Schmaus-Schreitmüller
Logoentwurf: Erwin Poell, Heidelberg
Logoüberarbeitung: Sabine Redlin, Ludwigsburg
Layout: Petra Michel, Gestaltung & Typografie, Essen
Satz: Datagroup Int. SRL, Timisoara

Printed in Europe.
ISBN: 978-3-12-562359-0

AUTORENINFO

Dominic Butler

Dominic Butler stammt aus Nordengland. Er ist Englischlehrer und Schriftsteller. Nach seiner Schulzeit, die er an einer klassischen Grammar School verbrachte, studierte er Film und Literatur an der Sheffield Hallam University. Während seiner Studienzeit arbeitete er als Gerichtsschreiber am Strafgericht in Sheffield. Dort erwachte sein Interesse für Kriminalfälle, die von nun an Thema vieler seiner Kurzgeschichten wurden. Nach einigen Stationen quer durch Europa lebt und arbeitet Dominic Butler zurzeit in Budapest, wo er Englisch unterrichtet. Als Autor verfasste er sechs Bände mit englischen Kurzkrimis, sowie diverse Kinderbücher und Kurzgeschichten.

Virginie Pironin

Virginie Pironin stammt aus Lyon, Frankreich. Schon immer haben sie das Lesen und Schreiben von Geschichten begleitet. Bereits als kleines Kind wollte sie Schriftstellerin werden. Im Laufe der Jahre hat sie ihre Liebe zu Fremdsprachen entdeckt, und so kam das Übersetzen als große Leidenschaft hinzu. Sie hat in Frankreich, Schottland und Kanada gelebt. Heute lebt und arbeitet sie in Karlsruhe. Hier schreibt und erzählt sie ihre eigenen Geschichten, und sie übersetzt aus dem Englischen und Deutschen, um die Geschichten anderer Autoren der französischen Leserschaft zugänglich zu machen.

EINIGE WORTE VORAB ...

Sie lesen gerne Krimis und möchten etwas für Ihr Französisch tun? Mit diesen spannenden Kurzkrimis frischen Sie Ihr Französisch auf. Die verwendete Sprache passt genau zu Ihrem Lernniveau und bietet die richtige Mischung aus neuen und bekannten Elementen.

Nicht nur Krimis lesen, sondern auch mehr über Land und Leute erfahren:
Im Anschluss an jede Geschichte finden Sie wissenswerte Informationen zu den **Tatorten und Schauplätzen**, an denen die Geschichten spielen.

Wo die einzelnen Tatorte liegen, können Sie in der **Landkarte** auf den Seiten 6 und 7 nachschauen.

Schwierigere Wörter sind auf jeder Seite in den **Fußnoten** übersetzt. Im Anhang können Sie nochmals alle Wörter in einer alphabetischen **Wortliste** nachschlagen.

Alle Wörter, die in den Fußnoten übersetzt sind, können Sie mit der **PONS Vokabeltrainer-App** üben. Gehen Sie einfach auf www.pons.de/kurzkrimis-fr und laden Sie die App kostenlos auf Ihr Smartphone oder Tablet herunter oder benutzen Sie die Online-Version auf Ihrem PC!

INHALTSVERZEICHNIS

☠	1. LE GOÛT DU MEURTRE	8
	2. UN PLAN EN BÉTON	17
	3. LE PASSAGER DU SIÈGE 18A	32
	4. CRIMES PASSIONNELS	50
	5. RECETTE POUR TUER	64
☠	6. LA BAIE DES TRÉPASSÉS	72
	7. LE QUATRIÈME INDICE	83
☠	8. LA CHAIR ET LE SANG	93
	9. UN VRAI TUEUR	105
	WORTLISTE	115

☠ = Geschichte mit extra Gruselfaktor

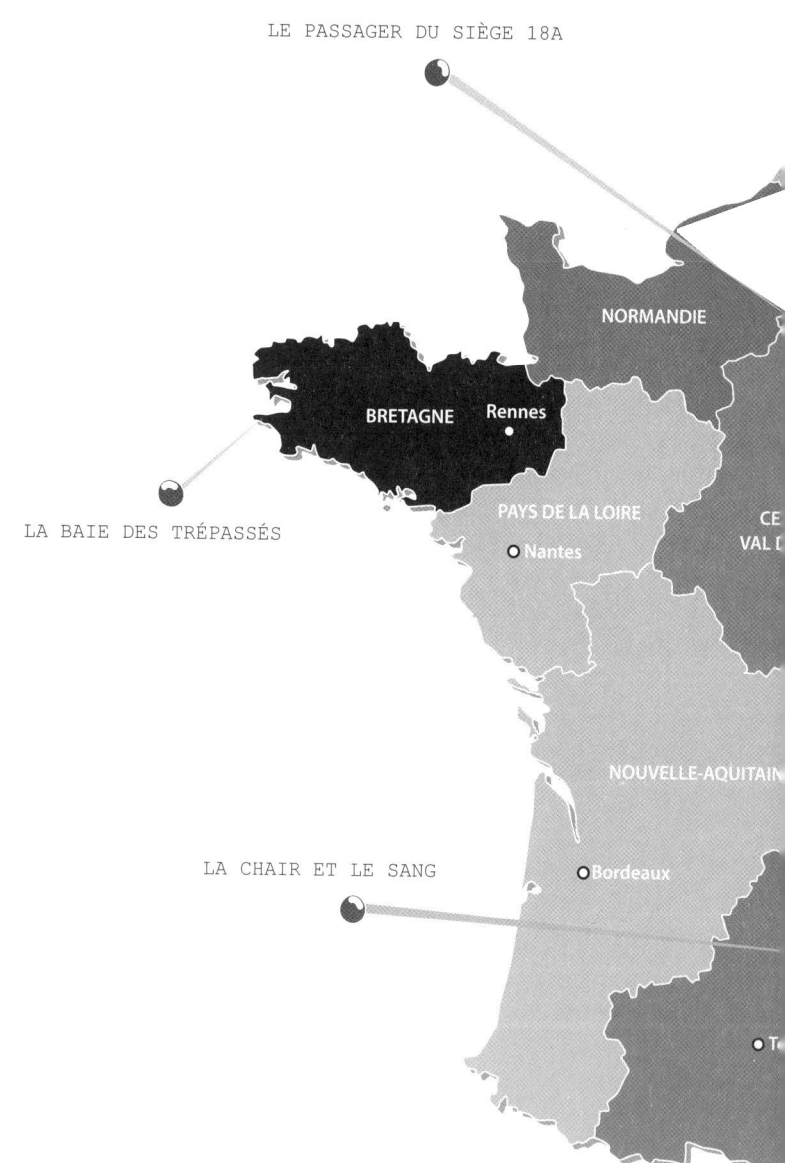

LE PASSAGER DU SIÈGE 18A

LA BAIE DES TRÉPASSÉS

LA CHAIR ET LE SANG

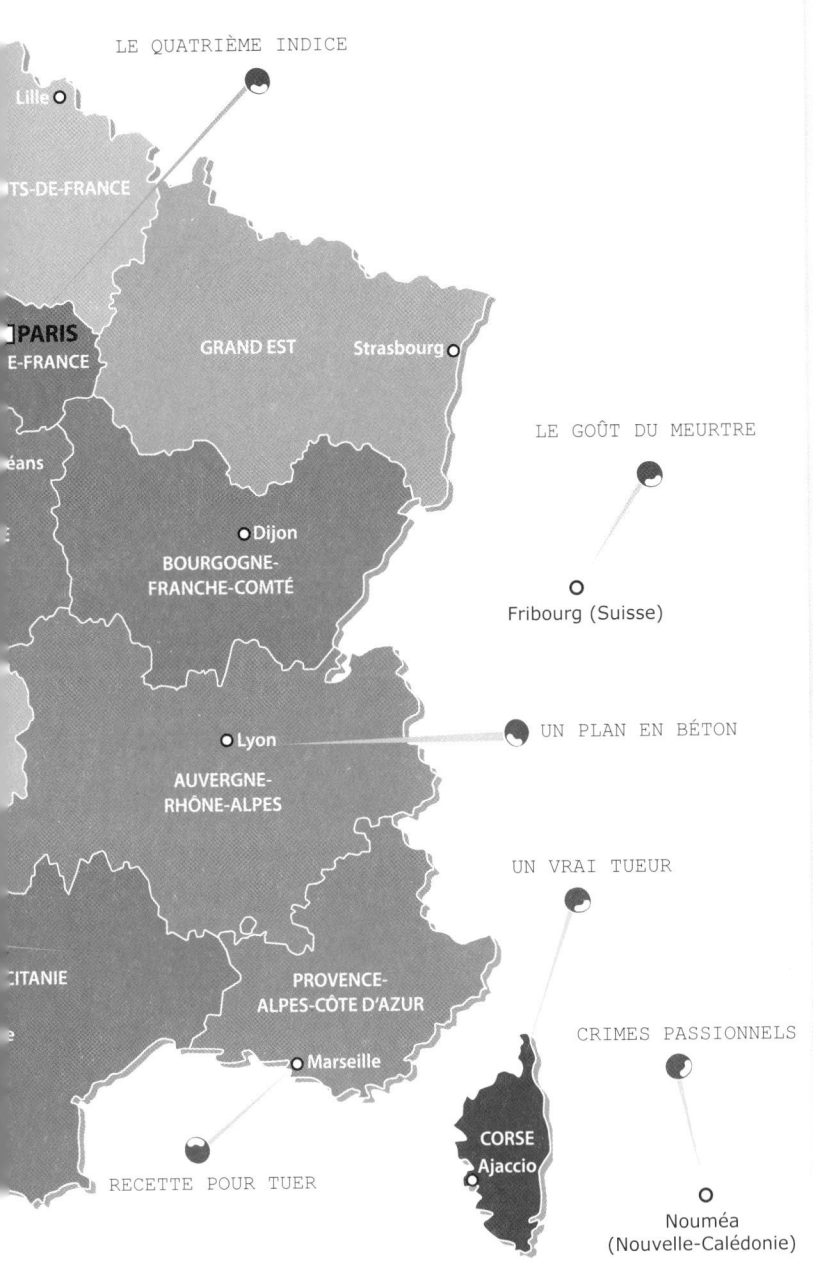

1. LE GOÛT DU MEURTRE

« Il s'appelait Hugues Haubiel, dis-je en m'appuyant contre le **dossier**[1] de ma chaise, et je commence à raconter mon histoire. Et c'était un meurtrier. **Du moins**[2], c'est ce que je pense.

Je sais, cela semble très dramatique. Mais je pense sincèrement que je n'ai jamais été aussi proche de la mort que le jour de ma rencontre avec cet homme.

C'était au milieu des années 1970. J'avais terminé mes études à la Sorbonne et mes parents m'avaient offert un peu d'argent pour voyager à travers l'Europe. J'avais déjà visité la Belgique et les Pays-Bas et j'étais ensuite **redescendu**[3] en traversant l'Allemagne pour aller jusqu'en Suisse. J'avais bien aimé Zurich et Berne, et j'avais envie de passer encore un peu de temps dans ce pays. Je suis donc allé visiter la ville **médiévale**[4] de Fribourg. J'ai passé ma première matinée à **explorer**[5] les ruelles **tortueuses**[6] de la vieille ville. Puis il s'est mis à pleuvoir et j'ai **trouvé refuge**[7] dans une petite **auberge**[8] à la façade gothique, non loin de la cathédrale Saint-Nicolas.

Je m'étais fixé un budget quotidien pour boire et manger, mais comme je n'avais pas faim, j'ai commandé un verre d'**eau-de-vie**[9]. C'est là que j'ai entendu une voix polie demander :

– Vous jouez ?

---

1 **le dossier** – *hier: Rücklehne*
2 **du moins** – *zumindest*
3 **redescendre** – *hier: sich zurück in Richtung Süden begeben*
4 **médiéval(e)** – *mittelalterlich*
5 **explorer qc** – *etw erkunden*
6 **tortueux(-euse)** – *verwinkelt*
7 **trouver refuge** – *Zuflucht finden*
8 **l'auberge (f)** – *Gasthaus*
9 **l'eau-de-vie (f)** – *Branntwein, Schnaps*

Non loin du bar, un homme âgé était assis devant un **échiquier**[1]. Mince et d'**allure fragile**[2], il portait une veste élégante, une chemise et une cravate. Il avait un long nez, des yeux gris et froids et les cheveux blancs.

Je me souviens avoir hésité un peu, mais il **avait l'air**[3] si seul que j'ai accepté. Je me suis assis en face de lui, et nous nous sommes présentés.

Nous avons commencé une **partie d'échecs**[4] et je me suis très vite rendu compte qu'il était bien meilleur que moi. Mais mes **erreurs de débutant**[5] n'avaient pas l'air de le **déranger**[6]. En fait, il me posait de nombreuses questions et s'intéressait plus à mes réponses qu'au jeu. Il m'a interrogé sur mon voyage, sur ma **ville d'origine**[7], sur la famille que j'avais là-bas. Il m'a demandé où je voulais aller ensuite et si je voyageais seul.

Au bout d'un moment, alors que j'**attendais mon tour**[8], j'ai commencé moi aussi à lui poser des questions. Je lui ai demandé s'il travaillait toujours ou s'il **était retraité**[9].

Il a **haussé les sourcils**[10] puis souri.

– Retraité ? Non. Non, on ne prend jamais vraiment sa retraite dans ma **vocation**[11]. Je suis moins… actif, **je dirais**[12]. Mais je ne prendrai probablement jamais ma retraite.

– Vraiment ? Et quelle est votre vocation, exactement ?

Une **lueur d'amusement**[13] est apparue dans son regard.

---

1 l'échiquier (m) – *Schachbrett*
2 d'allure fragile – *gebrechlich aussehend*
3 avoir l'air – *aussehen*
4 une partie d'échecs – *ein Schachspiel*
5 l'erreur (f) de débutant – *Anfängerfehler*
6 déranger qn – *jdn stören*
7 la ville d'origine – *Heimatstadt*
8 attendre son tour – *darauf warten, dran zu sein*
9 être retraité(e) – *im Ruhestand sein*
10 hausser les sourcils – *die Augenbrauen hochziehen*
11 la vocation – *Berufung*
12 je dirais – *würde ich sagen*
13 une lueur d'amusement – *ein belustigtes Funkeln*

– D'habitude, je n'en parle à personne, mais laissez-moi vous proposer un nouveau jeu. Si vous devinez ma vocation, je vous dirai tout. **Vous avez trois chances.**[1]

C'était un jeu idiot, mais j'ai souri.

– Pourquoi pas ?

Il a commandé deux nouveaux verres d'eau-de-vie. Je lui ai dit que je n'avais pas l'argent pour m'en payer un autre, mais il a répondu qu'il me l'offrait volontiers.

Dehors, la pluie continuait de tomber. Je l'ai interrogé sur sa vie et j'ai appris qu'il avait combattu dans la **Légion étrangère**[2], puis que, comme il n'avait pas envie de rentrer en Suisse, il avait voyagé en Europe et **de par le monde**[3].

– J'ai trouvé ma vocation dans une petite ville de France, a-t-il dit. Je l'ai trouvée **par hasard**[4], mais **après y avoir goûté**[5] pour la première fois, ma vie n'a plus jamais été la même.

À ces mots, j'ai vu briller dans ses yeux une **passion**[6] et un bonheur que je n'avais jamais **ressentis**[7].

Nous avons continué notre partie d'échecs pendant un moment, puis une idée **m'est venue à l'esprit**[8]. Je me suis laissé aller contre le dossier de ma chaise et je l'ai regardé.

– Je pense que vous aimez le **raffinement**[9]. Vous portez de beaux vêtements, et, **si je peux me permettre**[10], vous n'avez pas les mains d'un homme qui travaille dur. Je pense que votre vocation est liée à la gastronomie ou… non, au vin. En France, vous **vous êtes découvert un amour**[11] pour les bons vins. Vous

---

1 **Vous avez trois chances.** – *Sie dürfen dreimal versuchen.*
2 **la Légion étrangère** – *Fremdenlegion*
3 **de par le monde** – *durch die ganze Welt*
4 **par hasard** – *zufällig*
5 **après y avoir goûté** – *nachdem man einen Vorgeschmack davon hatte*
6 **la passion** – *Leidenschaft*
7 **ressentir qc** – *etw empfinden*
8 **venir à l'esprit de qn** – *jdm einfallen*
9 **le raffinement** – *Feinheit, die feine Welt*
10 **si je peux me permettre** – *hier: wenn ich es sagen darf*
11 **se découvrir un amour pour qc** – *seine Liebe für etw entdecken*

avez investi dans un **vignoble**[1]. Vous y allez régulièrement. Je **me trompe**[2] ?

Il m'a regardé et a souri.

– Oui, mon jeune ami, vous vous trompez. J'aime le vin, mais ma vocation est quelque chose de bien plus satisfaisant encore. Il vous reste deux chances.

Nous avons discuté encore un peu, puis, alors que la partie **touchait à sa fin**[3], nous avons arrêté de parler. Finalement, il a utilisé ses **fous**[4] pour me **mettre en échec et mat**[5]. La partie était finie.

– Prêtre ! ai-je dit tout à coup. Mais en fait, qu'est-ce que vous avez ici ? Des **pasteurs**[6] ? Vous êtes membre du **clergé**[7] ? Quelque chose de **spirituel**[8] ?

Cela l'a fait rire joyeusement.

– Spirituel ? Eh bien, ça l'est pour moi. Mais ma vocation n'est pas religieuse. Et il ne vous reste qu'une seule chance maintenant.

J'**étais sur le point de**[9] lui poser d'autres questions quand il a sorti une **montre à gousset**[10] de sa veste. Il l'a regardée, surpris.

– Il est déjà si tard ? Je suis vraiment désolé, mon jeune ami, mais nous allons devoir terminer notre conversation. Je dois rentrer nourrir mon chat. C'est un animal délicat, je ne peux pas le laisser seul plus longtemps.

Je dois dire que j'étais **déçu**[11]. J'appréciais sa compagnie polie et la facilité de notre conversation.

---

1. **le vignoble** – *Weinberg*
2. **se tromper** – *falsch liegen, sich täuschen*
3. **toucher à sa fin** – *sich dem Ende zuneigen*
4. **le fou** – *hier: Läufer (beim Schach)*
5. **mettre qn en échec et mat** – *jdn schachmatt setzen*
6. **le/la pasteur(e)** – *Pfarrer(in)*
7. **le clergé** – *Klerus, Geistliche*
8. **spirituel(le)** – *geistlich*
9. **être sur le point de faire qc** – *im Begriff sein etw zu tun*
10. **la montre à gousset** – *Taschenuhr*
11. **déçu(e)** – *enttäuscht*

– **Sauf si**[1] vous avez envie de venir avec moi, a-t-il continué. J'ai une très bonne bouteille d'eau-de-vie à la maison. Nous pourrions faire une autre partie d'échecs et vous pourriez **tenter**[2] une dernière fois de **deviner**[3] ma vocation.

Vous trouvez peut-être étrange **que je n'aie pas hésité à**[4] accepter son invitation. Mais après tout, ce n'était qu'un vieil homme fragile. Si je voulais partir, que pourrait-il faire pour **m'en empêcher**[5] ?

Je l'ai suivi dehors, et **nous nous sommes serrés**[6] sous son parapluie pour **parcourir**[7] le court **trajet**[8] allant jusqu'à chez lui. Son appartement était situé au-dessus d'une fromagerie traditionnelle, une boutique à l'allure typiquement suisse et un peu démodée. L'appartement lui-même était petit mais confortable. J'imaginais que mon **hôte**[9] avait rapporté de ses voyages les nombreux tableaux et objets qui décoraient les lieux. Il m'a invité à m'asseoir près de la fenêtre et m'a demandé de préparer l'échiquier pendant qu'il nous servait à boire.

Je me souviens avoir cherché des yeux le chat qu'il avait **mentionné**[10], mais je ne l'ai vu **nulle part**[11]. Cependant, j'ai oublié ce petit détail lorsque mon hôte est revenu avec deux verres d'eau-de-vie et que nous avons **trinqué à**[12] notre nouvelle amitié.

Après cela, mes souvenirs sont plus **flous**[13]. Nous avons parlé et joué aux échecs, et à chaque fois que mon verre **se vidait**[14], mon nouvel ami l'emportait à la cuisine et me le rapportait

---

1 **sauf si** – *außer (wenn)*
2 **tenter qc** – *etw versuchen*
3 **deviner qc** – *etw raten*
4 **que je n'aie pas hésité** – *dass ich nicht gezögert habe*
5 **empêcher qn de faire qc** – *jdn daran hindern etw zu tun*
6 **se serrer** – *enger zusammenrücken*
7 **parcourir qc** – *hier: etw zurücklegen*
8 **le trajet** – *Strecke*
9 **l'hôte (m/f)** – *Gastgeber(in)*
10 **mentionner qc** – *etw erwähnen*
11 **nulle part** – *nirgendwo*
12 **trinquer à qc** – *auf etw anstoßen*
13 **flou(e)** – *hier: vage, unklar*
14 **se vider** – *sich leeren, leer werden*

plein. Rapidement, j'ai eu **la tête qui tournait**[1]. Lorsque je l'ai dit à mon hôte, cela l'a fait rire.

– Ce n'est pas grave, a-t-il dit.

– Je pense que votre vocation **est en rapport avec**[2] les arts, ai-je dit, **la voix pâteuse**[3]. À mon avis, votre vocation n'était pas un travail, pas un vrai travail **en tout cas**[4]. Je pense que vous n'aviez pas besoin d'un vrai travail. Vous aviez l'argent de votre famille. En fait, je **parie**[5] que vous n'avez jamais travaillé de votre vie. Non. Je pense que vous êtes un **collectionneur**[6]. D'art ? De statues ?

J'ai cherché des indices autour de moi dans l'appartement, mais j'**avais du mal**[7] à me concentrer.

– Je me trompe ?

Il m'**a dévisagé**[8] pendant un moment.

– Ça va ? a-t-il demandé doucement. Vous **n'avez pas l'air bien**[9]. Peut-être que vous devriez aller à la salle de bains.

Il avait raison. Je **transpirais**[10] et mon verre tremblait dans ma main. J'ai essayé de me lever, mais mes jambes **flageolaient**[11] tellement que je suis retombé sur ma chaise.

– Vous avez raison au sujet de l'argent de ma famille, a-t-il dit en levant son verre d'eau-de-vie et en le regardant dans la lumière. Je n'ai jamais eu besoin de travailler. Mais je voulais le faire. Je voulais donner un sens à ma vie. J'ai toujours ressenti un vide, vous comprenez. Et ce n'est que lorsque j'ai visité cette petite ville en France que j'ai trouvé ce que je cherchais. Je buvais un verre dans un bar local quand **une bagarre a éclaté**[12].

---

1 **avoir la tête qui tourne** – *schwindelig sein*
2 **être en rapport avec qc** – *mit etw zu tun haben*
3 **la voix pâteuse** – *hier: mit verwaschener Stimme*
4 **en tout cas** – *hier: jedenfalls*
5 **parier** – *wetten*
6 **le/la collectionneur(-euse)** – *Sammler(in)*
7 **avoir du mal à faire qc** – *Schwierigkeiten haben etw zu tun*
8 **dévisager qn** – *jdn mustern*
9 **ne pas avoir l'air bien** – *krank aussehen*
10 **transpirer** – *schwitzen*
11 **flageoler** – *schlottern*
12 **Une bagarre a éclaté.** – *Eine Schlägerei ist ausgebrochen.*

Je ne me rappelle plus pourquoi, mais je me suis retrouvé **mêlé**[1] aux **coups**[2]. Un homme m'a attaqué. Il tenait un couteau.

À cet instant, Hugues **s'est tu**[3] et a ouvert un tiroir à côté de sa chaise. Il en a sorti un objet et l'a posé sur l'échiquier. Je n'arrivais pas à **focaliser mon regard**[4] dessus.

– Ce couteau, a dit mon hôte, et ces mots ont **dissipé**[5] d'un coup le brouillard de mes pensées.

– Il m'a attaqué, mais je l'ai stoppé. J'ai tourné le couteau vers lui et je le lui ai **planté**[6] dans le cœur. C'était un accident, sincèrement. Mais quand j'ai vu la vie quitter ses yeux, j'ai su. Je savais enfin. Je savais quelle était ma vocation.

Il a fait une pause, regardant la pluie sombre par la fenêtre, comme s'il était perdu dans ses souvenirs.

– C'est drôle, non ? À quelle vitesse on peut **prendre goût à**[7] quelque chose. J'ai voyagé de par le monde. J'ai déménagé de ville en ville, de pays en pays. Et lorsque je suis devenu trop vieux pour ça, j'ai attendu de trouver des gens comme vous.

Il s'est levé, a pris le couteau et s'est avancé vers moi.

– Vous le savez, maintenant ? Vous savez quelle est ma vocation ?

Et je le savais. Mais je ne pouvais rien faire. Mon corps était trop faible, et alors que j'essayais **en vain**[8] d'appeler à l'aide, j'ai soudain compris qu'il avait mis quelque chose dans mon verre.

– Ne vous inquiétez pas, a-t-il dit. Vous ne sentirez presque rien. La drogue que je vous ai donnée est là pour ça.

Mais, alors qu'il **se tenait debout**[9] devant moi, approchant de plus en plus le couteau de ma poitrine, ma peur et mon

---

1 **mêlé(e)** – *hier: involviert*
2 **le coup** – *Schlag*
3 **se taire** – *schweigen*
4 **focaliser son regard** – *seinen Blick fokussieren*
5 **dissiper qc** – *hier: etw auflösen*
6 **planter qc** – *hier: etw stechen*
7 **prendre goût à qc** – *auf den Geschmack kommen; Gefallen an etw finden*
8 **en vain** – *vergeblich*
9 **se tenir debout** – *stehen*

instinct de survie[1] ont **pris le dessus**[2] sur les effets du poison. Dans un cri, j'ai réussi à pousser sur mes pieds pour me mettre debout et à attraper son bras. Nous sommes tombés par terre. J'étais sur lui et je l'**écrasais**[3] de tout mon poids.

Je me souviens que j'ai essayé de me battre, mais lorsque j'ai regardé son visage, j'y ai vu une expression de douleur et de surprise. Le couteau qu'il tenait dans la main était entré dans sa poitrine et avait **transpercé**[4] son cœur **malfaisant**[5]. Il n'y avait plus rien à faire, à part observer la vie quitter ses yeux. »

Je m'arrête de parler. Je vois que mon invité s'est endormi sur la chaise en face de moi. Je me demande ce qu'il a entendu de mon histoire avant de **sombrer dans le sommeil**[6]. **D'un côté**[7], j'aurais aimé qu'il reste **éveillé**[8] un peu plus longtemps. Je lui aurais raconté que j'ai regardé Hugues mourir et que je me suis endormi juste là, sur lui. Je lui aurais dit que, quand je me suis enfin réveillé, j'ai pris le couteau du vieil homme. Que je le garde toujours avec moi depuis ce jour. Je lui aurais parlé de toutes les choses que j'ai faites avec ce couteau **au fil des années**[9].

J'ouvre un tiroir à côté de ma chaise et regarde à l'intérieur.

– Oui, Hugues avait raison sur un point, vous savez, dis-je, **sachant que**[10] mon invité ne peut pas m'entendre. C'est vraiment drôle à quelle vitesse on peut prendre goût à quelque chose.

---

1 **l'instinct (m) de survie** – *Überlebensinstinkt*
2 **prendre le dessus** – *die Oberhand gewinnen*
3 **écraser** – *hier: zerquetschen*
4 **transpercer** – *durchstechen*
5 **malfaisant(e)** – *böse*
6 **sombrer dans le sommeil** – *einschlafen, in den Schlaf sinken*
7 **d'un côté** – *einerseits*
8 **éveillé(e)** – *wach*
9 **au fil des années** – *über die Jahre*
10 **sachant que** – *wohl wissend, dass*

Freiburg, im Französischen Fribourg, ist die Hauptstadt des gleichnamigen Schweizer Kantons. Freiburg liegt in der romanischen Schweiz. Die Altstadt, wo auch die Kathedrale St. Nikolaus steht, hat viel von ihrem mittelalterlichen Flair bewahrt. Alte Gassen, gotische Fassaden, prächtige Kirchen und Klöster, historische Brunnen und Brücken: Die Vergangenheit ist hier überall gegenwärtig, und mit ihr der Geist uralter Geheimnisse. Spezialitäten der Region sind einige Käsesorten, wie der *Vacherin fribourgeois*, und Branntweine aus der *Büschelibirne* oder der roten Mirabelle *Berudge*. Eine Verkostung sollten Sie nicht verpassen aber Vorsicht, auf wen Sie dort treffen, um eine Unterhaltung zu beginnen!

2. UN PLAN EN BÉTON

– Tony ? Tony ? appelle Francis Arthur à voix basse.

En l'absence de réponse, il va jusqu'à la fenêtre et l'ouvre, laissant entrer l'air chaud et **musqué**[1] du quartier de Perrache, à Lyon.

Quelque part non loin de là, les cloches d'une église sonnent. Il compte le nombre de coups et quand il entend le neuvième, il passe une main sur son **crâne chauve**[2] et couvert de **sueur**[3] et **hoche la tête**[4]. Il va bientôt faire nuit.

– Tu m'as **poussé à bout**[5], Tony, dit-il.

Il regarde calmement **les alentours**[6]. Il habite au dernier étage de l'immeuble le plus haut **des environs**[7]. Personne ne peut le voir là-haut. Il en est sûr. Mais **ça ne fait pas de mal**[8] de **vérifier**[9]. Il tourne la tête vers sa **camionnette**[10]. Ce soir, elle n'est pas garée devant l'immeuble, mais vingt mètres plus loin. Il l'a laissée derrière une vieille **benne à ordures**[11] posée devant un immeuble en rénovation.

Convaincu[12] que personne n'a rien vu, il s'éloigne de la fenêtre et retourne à la cuisine.

---

1 **musqué(e)** – *moschusartig*
2 **le crâne chauve** – *Glatzkopf*
3 **la sueur** – *Schweiß*
4 **hocher la tête** – *nicken*
5 **pousser qn à bout** – *jdn strapazieren; jdn an seine Grenzen bringen*
6 **les alentours (m Pl)** – *Umgebung*
7 **les environs (m Pl)** – *Umgebung*
8 **Ça ne fait pas de mal.** – *hier: Es schadet nicht.*
9 **vérifier** – *überprüfen, kontrollieren*
10 **la camionnette** – *Kleinlaster, Transporter*
11 **la benne à ordures** – *Müllcontainer*
12 **convaincu(e)** – *hier: sicher, überzeugt*

– Tu as vraiment tout **dégueulassé**[1], Tony. Heureusement que j'ai bien couvert le sol de **bâche**[2] plastique, hein ?

Il secoue la tête, s'approche de l'évier et y pose l'objet qu'il tient entre les mains. Il le fixe du regard pendant un moment, puis ouvre le robinet.

– **Ouais**[3], tu m'as poussé à bout. Complètement à bout. Je ne voulais rien de tout ça, moi.

Dans l'évier, l'eau claire devient rouge, et Francis regarde le liquide **visqueux**[4] disparaître dans la canalisation. Puis il met ses mains sous le jet d'eau. Il a de grosses mains, aux doigts épais et à la peau dure et **craquelée**[5].

– C'est parce que tu m'as **sous-estimé**[6]. Toute ma vie, les gens m'ont sous-estimé. Ouais. Ils se disent : il est **costaud**[7], il est **moche**[8], mais il est aussi idiot. Et tu sais, parfois, je les laisse le croire. Mais quand les gens commencent à **pousser le bouchon**[9]… quand ils commencent à penser qu'ils peuvent **se servir de**[10] moi, alors là, je m'énerve.

Francis ferme le robinet, s'essuie les mains sur son **débardeur**[11] blanc et se tourne de nouveau vers Tony.

– Tu sais quand tu as commencé à m'énerver, Tony ? Pas aujourd'hui. Pas cette semaine. Il y a six mois.

Il rit.

– Eh ouais. Tu vois, je ne suis pas idiot, Tony. **Loin de là**[12]. J'en ai peut-être l'air, mais je ne le suis pas.

Francis tire une chaise à travers la cuisine et s'assoit.

---

1   **dégueulasser** *(ugs.)* – *verdrecken*
2   **la bâche** – *Abdeckplane*
3   **ouais** *(ugs.)* – *hier: ja*
4   **visqueux(-euse)** – *dickflüssig*
5   **craquelé(e)** – *rissig*
6   **sous-estimer qn** – *jdn unterschätzen*
7   **costaud(e)** *(ugs.)* – *hier: muskulös, stark*
8   **moche** *(ugs.)* – *hässlich*
9   **pousser le bouchon (un peu loin)** – *(ein bisschen) zu weit gehen*
10 **se servir de qn** – *jdn ausnutzen*
11 **le débardeur** – *ärmelloses T-Shirt*
12 **loin de là** – *ganz im Gegenteil*

– Tu t'es servi de moi, Tony. Tu savais que je ne pourrais pas te **rembourser**[1], mais tu m'as laissé continuer à **parier**[2]. Tu voulais que je perde. Tu voulais que je t'emprunte plus d'argent, juste pour que je le perde. Et c'est ce qui s'est passé. Je l'ai perdu. J'ai tout perdu cette nuit-là. Et le lendemain, tu **débarques**[3] ici, le sourire aux lèvres. Tu me dis que je peux rembourser une partie de ma **dette**[4] en te **rendant service**[5].

Francis sort un paquet de cigarettes de sa poche et en allume une avec un **briquet**[6] Zippo. Il le laisse ouvert et observe la flamme bleu et jaune qui danse.

– Tu croyais que tu me **tenais**[7]. Moi, **l'idiot de service**[8]. Mais je savais quel genre de services tu allais me demander. Tu voulais juste que j'**intimide**[9] quelques personnes, c'est ce que tu as dit. Mais je savais que ça ne s'arrêterait pas là. Et je savais aussi ce que je devais faire. Je l'ai su dès ce jour-là, il y a six mois.

Il ferme le briquet et regarde par terre. Tony Ardouin, un homme d'une cinquantaine d'années, mince, avec un long nez **pointu**[10], un visage **balafré**[11] et des tatouages plein les bras, est couché sur des bâches en plastique transparent. Son visage **affiche**[12] une étrange expression de choc. Il a **les yeux écarquillés**[13] et la bouche ouverte, comme s'il criait silencieusement. À l'arrière de son crâne, il y a un vilain gros trou d'où coule un horrible mélange de sang et de **cervelle**[14]. Le

---

1. **rembourser qn** – *jdm Geld zurückzahlen*
2. **parier** – *wetten*
3. **débarquer** *(ugs.)* – *hier: aufkreuzen*
4. **la dette** – *Schuld(en)*
5. **rendre service à qn** – *hier: jdm behilflich sein*
6. **le briquet** – *Feuerzeug*
7. **tenir qn** – *jdn in der Hand haben, Macht über jdn haben*
8. **l'idiot(e) de service** *(ugs.)* – *Trottel, Depp vom Dienst*
9. **intimider qn** – *jdn einschüchtern, jdm Angst einjagen*
10. **pointu(e)** – *spitz*
11. **balafré(e)** – *vernarbt*
12. **afficher qc** – *etw anzeigen*
13. **les yeux (m Pl) écarquillés** – *aufgerissene Augen*
14. **la cervelle** – *Hirn*

crâne **s'est fracassé**[1] facilement sous la force du marteau qui est maintenant dans l'évier de Francis.

– Tu croyais vraiment que tu pourrais me faire faire le sale boulot à ta place pour le restant de mes jours ? Non. Dès le premier jour, j'ai su que je devais faire quelque chose. Je ne pourrais jamais te rembourser, mais je n'allais pas non plus **jouer les gros bras**[2] pour toi.

Il se lève et va jusqu'au **cendrier**[3] posé sur le bord de la fenêtre.

– Alors j'ai commencé à élaborer un plan. **C'est mon truc**[4], tu vois. Je suis patient. Je suis **méticuleux**[5]. Je suis capable de considérer un problème **sous tous les angles**[6], tu vois. Et c'est ce que j'ai fait. J'étais obligé de te tuer, c'était évident. Je devais réfléchir à comment, où et quand. Je devais réfléchir à qui tenterait de te retrouver. Mais **admets**[7]-le, tu n'es pas vraiment populaire. Un **prêteur sur gages**[8]. Un **bookmaker**[9]. Un **escroc**[10]. Les escrocs disparaissent sans arrêt. Je me suis mis à penser que s'il n'y avait pas de corps, il ne devrait pas y avoir trop de problèmes.

Il éteint sa cigarette et se tourne de nouveau vers la pièce.

– Ça n'a pas été difficile de t'**attirer**[11] ici. Je t'ai envoyé un message depuis un **téléphone portable prépayé**[12]. Je t'ai écrit à un moment où je savais que tu viendrais. Je t'ai dit que j'avais une partie de ton argent. Et tu es venu. Hein ? Tu avais ce petit sourire **cupide**[13] sur les lèvres. Tu m'as demandé l'argent, mais

---

1 **se fracasser** – *zertrümmert werden, zerspringen*
2 **jouer les gros bras** – *die Rolle des Schlägers übernehmen*
3 **le cendrier** – *Aschenbecher*
4 **C'est mon truc.** *(ugs.)* – *Das ist mein Ding.*
5 **méticuleux(-euse)** – *sorgfältig*
6 **sous tous les angles** – *von allen Seiten*
7 **admettre qc** – *etw zugeben*
8 **le/la prêteur(-euse) sur gages** – *Pfandleiher(in)*
9 **le/la bookmaker** – *Buchmacher(in)*
10 **l'escroc (m)** – *Betrüger(in)*
11 **attirer qn** – *hier: jdn herlocken*
12 **le téléphone portable prépayé** – *Prepaidhandy*
13 **cupide** – *geldgierig*

tu m'as aussi bien rappelé qu'il me restait encore beaucoup à te rembourser.

Francis secoue la tête.

– Tu sais, quand tu as vu les bâches par terre, j'ai cru que tu **suspectais**[1] quelque chose. Tu t'es arrêté un instant, mais **avant que tu puisses**[2] dire **quoi que ce soit**[3], je t'ai dit de ne pas faire attention au **bazar**[4], que je **redécorais**[5]. J'avais mis ces pots de peinture et ces **outils**[6] là pour faire vrai. J'ai même peint un peu, pour l'odeur. Et ce n'est pas tout. J'ai aussi dit aux voisins que je faisais des travaux. Toute la semaine, j'ai **tapé**[7] contre les murs, j'ai bougé des meubles, j'ai fait suffisamment de bruit pour leur faire croire que je redécorais vraiment. Pourquoi ?

Francis sourit une nouvelle fois, une expression froide lui **déformant**[8] le visage.

– Tu le sauras bien assez tôt.

Francis regarde une nouvelle fois par la fenêtre. Le ciel **rougeoyant**[9] est en train de **s'assombrir**[10]. C'est l'heure.

– Ne bouge pas, dit-il au **cadavre**[11] de Tony, puis il disparaît dans le hall.

Une minute plus tard, le bruit d'un objet très lourd que l'on **traîne**[12] sur le sol **résonne**[13] dans l'appartement. Francis réapparaît avec une grosse caisse en bois sur un **chariot**[14] en métal.

– Qu'est-ce que tu en penses ? C'est assez grand ?

---

1 **suspecter qc** – *etw verdächtigen*
2 **avant que tu puisses** *(subjonctif)* – *bevor du kannst*
3 **quoi que ce soit** – *irgendetwas*
4 **le bazar** *(ugs.)* – *Chaos, Unordnung*
5 **redécorer qc** – *hier: etw neu renovieren*
6 **les outils (m Pl)** – *Werkzeug*
7 **taper** – *hier: klopfen*
8 **déformer qc** – *hier: etw verzerren*
9 **rougeoyant(e)** – *rötlich*
10 **s'assombrir** – *sich verdunkeln*
11 **le cadavre** – *Leiche*
12 **traîner qc** – *etw schleifen, etw ziehen*
13 **résonner** – *hallen*
14 **le chariot** – *Handwagen*

Il pose la caisse à côté du corps et de la bâche tachée de sang. D'abord, il va nettoyer le cadavre et **éliminer**[1] le plus de sang possible. Puis il va **modifier**[2] un peu le corps de Tony. Il va devoir lui casser les jambes au niveau des genoux pour que ça rentre. Peut-être qu'il va devoir faire les bras aussi. Pendant un moment, il a pensé à couper le corps en morceaux, mais ça **en mettrait** trop **de partout**[3]. Non, il veut garder les choses aussi propres et simples que possible. Il a un plan. Un plan parfait. Et il est temps de **s'y mettre**[4].

La **besogne**[5] n'est finalement pas si horrible que ça. Après la première **fracture**[6], les autres sont un jeu d'enfant. Le sang est la seule chose qui inquiète Francis, mais il nettoie **au fur et à mesure**[7] toutes les traces qu'il trouve.

Pour finir, il nettoie les bâches et les met dans la caisse, elles aussi. Puis il essuie le marteau et, une fois l'outil propre et **immaculé**[8], il le remet dans la boîte à outils rouge.

– Maintenant, dit-il en fermant la caisse à l'aide d'un gros **cadenas**[9], nous allons faire un petit tour en voiture.

Il **jette un** dernier **coup d'œil à**[10] la scène, ouvre la porte d'entrée et pousse son paquet secret hors de l'appartement.

Soudain, tout lui semble plus réel. Il entend les enfants de ses voisins se disputer dans leur salon. Il sent le **lard**[11] en train de griller chez un autre voisin, quelque part dans l'immeuble. Pour la première fois depuis des semaines, il est un peu **anxieux**[12].

---

1 **éliminer qc** – *hier: etw entfernen*
2 **modifier qc** – *etw verändern*
3 **en mettre de partout** – *alles verschmutzen*
4 **s'y mettre** – *sich daranmachen*
5 **la besogne** – *hier: Arbeit*
6 **la fracture** – *Bruch*
7 **au fur et à mesure** – *nach und nach*
8 **immaculé(e)** – *hier: ohne Spuren, ohne (Finger)abdrücke*
9 **le cadenas** – *Vorhängeschloss*
10 **jeter un coup d'œil à qc** – *einen Blick auf etw werfen*
11 **le lard** – *Speck*
12 **anxieux(-euse)** – *unruhig, ängstlich*

Tuer Tony était facile. Il sait que le plus dur reste à venir : **se débarrasser**[1] du corps.

– Allez, Tony, dit-il calmement. Allons nous montrer un peu.

Lorsque Tony est arrivé, il a pris les escaliers, parce que Francis lui avait dit que l'ascenseur était **en panne**[2]. Peut-être que quelqu'un l'a vu, mais c'est peu probable. Les escaliers sont sur la droite de l'immeuble, maintenant ils sont donc derrière Francis. S'il les prenait pour descendre, il y aurait des chances que personne ne le voie, lui non plus. Mais ce n'est pas ce que veut Francis. Au contraire, il pousse la caisse dans la direction opposée aux escaliers en **sifflant**[3]. Devant l'ascenseur, il appuie sur le bouton et attend, mais avant que l'ascenseur arrive, la porte de l'appartement sur sa droite s'ouvre tout à coup.

– Francis ? dit une voix.

Francis sourit à Mme Henry, une vieille dame avec un petit visage, les cheveux gris, de fausses dents et de grosses lunettes.

– Bonjour Madame Henry. Belle soirée, n'est-ce pas ?

Mme Henry ne lui rend pas son sourire.

– Vous avez fini avec tout ce **boucan**[4] chez vous ? demande-t-elle.

– Oh oui, répond Francis avec un nouveau sourire. Tout fini. Je rapporte juste mes outils à mon ami. Désolé pour le bruit.

Elle **marmonne**[5] quelque chose, mécontente, et **s'apprête à**[6] refermer la porte, mais elle s'arrête.

– Je n'arrive pas à ouvrir ma fenêtre, dit-elle. Vous me la réparerez ?

– Bien sûr. Je m'en occupe à mon retour, dans une heure ou deux.

---

1 **se débarrasser de qc** – *etw loswerden*
2 **en panne** – *defekt*
3 **siffler** – *pfeifen*
4 **le boucan** *(ugs.)* – *Höllenlärm*
5 **marmonner qc** – *etw murmeln*
6 **s'apprêter à faire qc** – *im Begriff sein etw zu tun*

– Vous avez vos outils ici. Vous ne pouvez pas le faire maintenant ?

L'ascenseur arrive et Francis secoue la tête.

– Je ne peux pas, Madame Henry. Je dois rapporter ça à mon **pote**[1]. Je serai de retour dans une heure.

De la main, elle lui fait signe de partir et il monte dans l'ascenseur avec un grand sourire.

– C'est mon alibi, Tony, dit-il. À chaque fois que je passe devant sa porte, cette **vieille bique**[2] **me saute dessus**[3] pour me demander de lui rendre un service. Maintenant, **si besoin**[4], je pourrai dire à la police que j'ai passé la soirée à aider ma voisine.

L'ascenseur s'arrête au rez-de-chaussée et Francis pousse la caisse à travers le hall d'entrée, jusqu'à la porte. Il **est sur le point de**[5] s'arrêter quand quelqu'un ouvre la porte depuis l'extérieur.

– Francis ! Attends, laisse-moi t'aider, dit Guy Fournier, un autre voisin, en tenant la porte ouverte.

– Merci, Guy, dit Francis. Belle soirée, hein ?

Guy hoche la tête.

– Ouais. C'est quoi, tout ça ? Tu fais des **heures sup'**[6] ?

Francis rit.

– Non, un ami vient **récupérer**[7] ses outils.

– Ah, je comprends. **Dis donc**[8], où est ta camionnette ? Je ne l'ai pas vue devant l'immeuble.

Francis pousse le chariot avec la caisse dehors.

– On a bu quelques bières après le travail, alors je l'ai laissée sur le **chantier**[9].

---

1 **le/la pote** (ugs.) – Kumpel, Freund(in)
2 **la vieille bique** (ugs.) – alte Ziege, Schabracke
3 **sauter dessus** (ugs.) – auf die Pelle rücken
4 **si besoin** – nötigenfalls, bei Bedarf
5 **être sur le point de faire qc** – kurz davor sein etw zu tun
6 **l'heure sup' (f)** (ugs.) – Überstunde
7 **récupérer qc** – hier: etw abholen, etw zurückholen
8 **dis donc** – sag mal
9 **le chantier** – Baustelle

– Vraiment ? Mais ce n'est qu'à cinq minutes. Je vais te dire une chose, tu es un homme bien. Meilleur que moi.

Francis regarde la caisse et sourit.

– Je ne dirais pas ça.

Guy est sur le point d'ajouter quelque chose, mais il est **interrompu**[1] par un **coup de klaxon**[2]. Une camionnette qui ressemble beaucoup à celle de Francis s'arrête le long du trottoir.

– Ça doit être ton pote. À plus tard, Francis, dit Guy.

Francis lui dit au revoir puis avance jusqu'au trottoir et entend la porte de l'immeuble se refermer derrière lui. Il approche le chariot de la camionnette.

– Salut Pierrot, dit-il.

Pierre est un homme **au visage rougeaud**[3] et aux cheveux roux. Il porte une casquette « **Allez l'OL**[4] ».

– Qu'est-ce que c'est que tout ça ? Où sont mes outils ?

Francis sourit et prend la boîte à outils rouge qu'il a placée sur le chariot, à côté de la caisse en bois.

– Tiens. Merci de me les avoir prêtés, Pierrot. Je vais m'en racheter bientôt.

– Ouais, qu'est-ce qui est arrivé aux tiens, déjà ? On te les a volés ?

Francis hoche la tête. C'est un **mensonge**[5] facile.

Pierre **pousse un juron**[6].

– Notre pays, Francis, c'est plus ce que c'était.

Francis le laisse parler quelques minutes, puis il dit :

– Bon, il faut que j'emporte tout ça à la benne, au bout de la rue.

Il montre la caisse du doigt.

---

[1] **interrompre** – *unterbrechen*
[2] **le coup de klaxon** – *Hupen*
[3] **au visage rougeaud** – *rotgesichtig*
[4] **« Allez l'OL »** – *Slogan der Fußballmannschaft von Lyon „Olympique lyonnais"*
[5] **le mensonge** – *Lüge*
[6] **pousser un juron** – *fluchen*

– Tu veux que je te **dépose**[1] ?

– Non merci. J'ai besoin de **prendre l'air**[2].

Pierre hoche la tête, **démarre**[3] et s'en va, avec l'**arme du crime**[4] **en sécurité en sa possession**[5]. Parfait.

Francis regarde autour de lui, puis pousse le chariot avec la caisse jusqu'à sa camionnette. Il **a un peu de mal**[6] à **charger**[7] la caisse dedans, mais quelques minutes plus tard, elle est bien **attachée**[8] à l'intérieur.

– J'espère que tu es bien là-dedans, dit-il en regardant dans le **rétroviseur**[9]. Tu sais ce que je vais faire de toi, Tony ? Tu as **deviné**[10] ? demande-t-il avant de démarrer et de se mettre en route.

Quand ils arrivent au chantier, à peine cinq minutes plus tard, il fait nuit noire. Francis arrête la camionnette au bout de la rue et regarde autour de lui. Il va devoir faire vite et en silence. Il éteint ses **phares**[11] et avance lentement son véhicule. Lorsqu'il atteint la **grille**[12], il **laisse** le moteur **en marche**[13], descend et avance calmement pour **déverrouiller**[14] le cadenas. Un instant plus tard, il **franchit**[15] la grille ouverte et se gare au milieu du chantier, à l'endroit parfait qu'il a sélectionné quelques jours plus tôt.

Puis, toujours sans un bruit, il retourne à la grille et la referme. Il repartira à pied. Il n'a pas menti à Guy quand il lui a

---

1 **déposer qn** – *jdn absetzen*
2 **prendre l'air** – *ein wenig frische Luft schnappen*
3 **démarrer** – *den Motor starten*
4 **l'arme (f) du crime** – *Mordwaffe*
5 **en sécurité en sa possession** – *sicher in seinem Besitz*
6 **avoir un peu de mal** – *Schwierigkeiten haben*
7 **charger qc** – *hier: etw verladen*
8 **attaché(e)** – *festgebunden*
9 **le rétroviseur** – *Rückspiegel*
10 **deviner** – *raten*
11 **le phare** – *hier: Scheinwerfer*
12 **la grille** – *Torgitter*
13 **laisser qc en marche** – *etw laufen lassen*
14 **déverrouiller qc** – *etw entriegeln*
15 **franchir qc** – *hier: etw passieren*

dit qu'il avait bu quelques bières après le travail. Il en a bu trois ou quatre, mais ses collègues pensent que c'était bien plus que ça. Quand il a dit qu'il laissait sa camionnette **sur place**[1], ils ont donc trouvé cela normal.

La partie du plan la plus difficile a été de revenir chercher la camionnette. Francis est parti avec ses collègues, puis il est retourné au chantier en courant, avant que le chef ne **verrouille**[2] la grille pour la nuit. Il lui a dit qu'il avait oublié ses clés, puis lui a signalé une lumière allumée à l'autre bout du chantier. Une lumière que Francis venait juste de **rallumer**[3] lui-même.

Pendant quelques secondes, il a pensé que le chef **s'en fichait**[4], mais l'homme a poussé un juron et est allé l'éteindre. Dès qu'il a été **hors de vue**[5], Francis a couru à sa camionnette, a enlevé le **frein à main**[6] et a poussé la camionnette jusqu'à la sortie. Il n'a allumé le moteur qu'une fois hors du chantier.

Francis sourit. C'est le plan parfait. Les gens penseront qu'il a bu quelques verres avec ses collègues, puis qu'il a laissé sa camionnette sur son lieu de travail, est rentré à pied et a peut-être dormi un peu. Quand il s'est réveillé, au **crépuscule**[7], il est sorti pour rendre ses outils à Pierre. Il a deux **témoins**[8] qui l'ont vu, et Mme Henry lui fournira un alibi parfait. L'arme du crime n'est plus là, mais à un endroit où personne ne la trouvera. Francis n'a envoyé qu'un seul message à Tony, depuis un portable prépayé qu'il va détruire et jeter dans un **égout**[9].

Tout est vraiment parfait. Et la suite est encore plus géniale.

Francis s'approche d'une machine près de la camionnette et appuie sur quelques boutons. Une lumière rouge s'allume.

---

1 **sur place** - *vor Ort*
2 **verrouiller** - *verriegeln*
3 **rallumer qc** - *etw wieder einschalten*
4 **s'en ficher** *(ugs.)* - *sich nichts draus machen*
5 **hors de vue** - *außer Sichtweite*
6 **le frein à main** - *Handbremse*
7 **le crépuscule** - *Abenddämmerung*
8 **le témoin** - *Zeuge/Zeugin*
9 **l'égout (m)** - *Gully*

Puis il regarde le gros trou dans le sol, à côté de lui. Le trou est à moitié rempli de béton dur et sec.

– Et voilà, Tony, dit-il en montant à l'arrière de sa camionnette. C'est l'heure de se dire au revoir.

Il sourit dans l'**obscurité**[1].

– Tu m'as poussé à bout, dit-il. Maintenant, **c'est mon tour**[2] de te **pousser**[3].

Et Francis Arthur pousse la caisse en bois de toutes ses forces par l'arrière de sa camionnette. La caisse tombe dans le trou et **se brise**[4], laissant apparaître le corps déformé de Tony.

Pendant un moment, Francis l'observe, le sourire toujours aux lèvres. Puis il sort de la camionnette et retourne vers la machine. Maintenant, le **tableau de commande**[5] affiche une lumière verte. Francis **ramasse**[6] un gros **tuyau**[7] et le met dans le trou. Sans un mot de plus, il tire un **levier**[8] sur le tuyau. Du béton frais et épais se met à couler.

Au début, Francis a l'impression que le trou va mettre des heures à se remplir, mais après quelques minutes seulement, le béton commence à **recouvrir**[9] Tony et les **débris**[10] de la caisse. Demain, se dit Francis, quand le chantier ouvrira, personne ne remarquera que le niveau de béton dans le trou a augmenté d'un mètre. Et personne ne suspectera qu'il y a un cadavre dessous.

– Tu vois, Tony, je ne suis pas aussi bête que les gens le croient, dit doucement Francis, en regardant le béton qui continue de couler.

---

1 **l'obscurité (f)** – *Dunkelheit*
2 **C'est mon tour.** – *Ich bin dran.*
3 **pousser qn** – *jdn schubsen; jdn schieben*
4 **se briser** – *zerbrechen*
5 **le tableau de commande** – *Steuerpult, Kontrolltafel*
6 **ramasser qc** – *etw aufheben*
7 **le tuyau** – *Rohr*
8 **le levier** – *Hebel*
9 **recouvrir qn** – *jdn bedecken*
10 **les débris (m Pl)** – *Trümmerteile*

Mais à cet instant, une terrible pensée lui **traverse l'esprit**[1]. Le portable de Tony ! Il n'a pas pris le portable de Tony.

– **Espèce d'idiot**[2] ! se crie-t-il à lui-même. Ils peuvent **localiser**[3] son portable ! Tu sais qu'ils peuvent localiser son portable !

C'est l'une des premières choses à laquelle Francis a pensé. Le plan était de prendre le portable de Tony, de le détruire et de le jeter dans le Rhône.

– Idiot, idiot, idiot ! **se maudit**[4]-il encore une fois.

Il regarde le corps **désarticulé**[5] de Tony. Le béton l'**avale**[6] rapidement maintenant, mais Francis a encore le temps de **se pencher**[7] et de prendre le téléphone dans la poche de Tony. Il pousse le levier et le béton arrête de couler. Puis il pose le tuyau par terre, **s'agenouille**[8] et **tend**[9] la main dans le trou. Mais le corps de Tony est trop loin. Francis doit **s'allonger par terre**[10], son gros ventre dans la **poussière**[11]. Il tend de nouveau le bras et cette fois, ses grosses mains touchent presque le corps. Mais **pas tout à fait**[12]. Il avance un peu sur le ventre, tend la main une troisième fois, et là… Le sol **s'effrite**[13] tout à coup sur le bord du trou. Francis n'a pas le temps de comprendre ce qui arrive : il **glisse**[14] dans le trou. Il pousse un cri et tend sa main droite vers le bord du trou. Il touche le tuyau et essaye de **s'y raccrocher**[15]. Ses doigts attrapent le levier et pendant une seconde, sa **chute**[16]

---

1 **traverser l'esprit de qn** – *jdm durch den Kopf gehen*
2 **Espèce d'idiot !** *(ugs.)* – *hier: Ich Idiot!*
3 **localiser qc** – *etw orten*
4 **se maudire** – *sich verfluchen*
5 **désarticulé(e)** – *ausgerenkt, verrenkt*
6 **avaler qc** – *etw (ver)schlucken*
7 **se pencher** – *sich beugen*
8 **s'agenouiller** – *sich hinknien*
9 **tendre qc** – *hier: etw halten*
10 **s'allonger par terre** – *sich auf den Boden legen*
11 **la poussière** – *Staub*
12 **pas tout à fait** – *nicht ganz*
13 **s'effriter** – *(zer)bröckeln, wegbröseln*
14 **glisser** – *rutschen*
15 **se raccrocher à qc** – *sich an etw festhalten, sich an etw klammern*
16 **la chute** – *Sturz*

s'arrête. Puis, lentement, extrêmement lentement, le levier se met à bouger. Francis pousse un nouveau cri alors qu'il tombe dans le trou et atterrit sur Tony et les débris de la caisse, le visage dans le béton. Il tente de **se relever**[1], mais l'horrible substance grise lui coule dans le dos et il réalise qu'en tombant, il a remis le tuyau en marche.

– Au secours ! crie-t-il, soudain **terrifié**[2]. À l'aide !

Mais personne ne peut entendre Francis Arthur. Le chantier est trop loin pour que **quiconque**[3] puisse l'entendre. Après tout, c'est précisément pour cela qu'il a choisi cet endroit. Pour que personne n'entende rien. Cela faisait partie de son plan, vous voyez. Un plan parfait. Un **plan en béton**[4].

---

1 **se relever** – *wieder aufstehen*
2 **terrifié(e)** – *erschrocken, angsterfüllt*
3 **quiconque** – *hier: irgendjemand*
4 **le plan en béton** *(ugs.)* – *perfekter, todsicherer Plan*

> **Lyon**, die zweitgrößte Stadt Frankreichs, bietet eine große architektonische Vielfalt, von den Spuren der Römer bis hin zur Moderne. Gleich zwei große Flüsse, die Rhône und die Saône, fließen durch diese Stadt, was ihr ein außergewöhnliches Flair verleiht. Das Viertel von *Perrache* liegt im südlichen Teil der Halbinsel zwischen den beiden Flüssen. Heutzutage ist dieses historische Viertel unter anderem durch seinen Bahnhof und Busbahnhof bekannt. Seit einigen Jahren ist dort ein großes Stadtplanungsprojekt im Gange, im Zuge dessen die Zeichen der industriellen Vergangenheit des Viertels – wie zum Beispiel die zahlreichen Fabriken und Lagerhallen – durch Wohnungen, Geschäfte und Freizeitzentren ersetzt werden sollen. Alte Gebäude werden abgerissen und dafür neue errichtet. Die vielen Baustellen bieten wiederum hervorragende Möglichkeiten, Verbrechen zu begehen und Beweise – wie auch Leichen – mehr oder weniger gekonnt verschwinden zu lassen.

3. LE PASSAGER DU SIÈGE 18A

– Je n'aime pas les avions, a-t-il dit pour la quatrième fois alors que nous traversions le terminal 2A de l'aéroport Paris-Charles de Gaulle.

Comme c'est étrange, me suis-je dit, qu'après tout ce temps, toutes ces années, cet homme soit une telle… **déception**[1]. Il est vrai que l'on dit qu'**il vaut mieux**[2] ne jamais rencontrer ses **héros**[3]. Non pas que Patrick Lapointe ait été un héros, bien sûr.

Alors que nous arrivions à la **porte d'embarquement**[4], j'ai sorti mon **badge**[5] de la poche de mon costume et l'ai tenu en l'air pour le montrer à l'**hôtesse de l'air**[6].

– Agent Duval, a-t-elle dit. Vos collègues nous ont **prévenu**[7] de votre arrivée. Voici vos billets. J'ai parlé au capitaine. Il voudrait savoir si cet homme **présente un risque**[8] pour les passagers.

J'ai **secoué la tête**[9] et me suis tourné vers Lapointe. À soixante ans, c'était toujours un bel homme, grand. Mais ses cheveux étaient plus blancs que bruns, son visage était **ridé**[10] et sa **posture**[11] lui donnait un air **vaincu**[12] et **fragile**[13].

---

1 **la déception** – *Enttäuschung*
2 **il vaut mieux** – *es ist besser*
3 **le héros/l'héroïne (f)** – *Held(in)*
4 **la porte d'embarquement** – *Flugsteig*
5 **le badge** – *hier: Dienstmarke*
6 **l'hôtesse (f) de l'air** – *Flugbegleiterin*
7 **prévenir qn de qc** – *jdn vor etw warnen*
8 **présenter un risque** – *ein Risiko darstellen*
9 **secouer la tête** – *den Kopf schütteln*
10 **ridé(e)** – *faltig*
11 **la posture** – *Körperhaltung*
12 **vaincu(e)** – *besiegt, geschlagen*
13 **fragile** – *gebrechlich*

– Non. Dites au capitaine qu'il **n'a pas de souci à se faire**[1]. Cet homme n'est pas dangereux et il va passer tout le vol comme ça, ai-je dit en soulevant le manteau qui cachait les **menottes**[2] aux **poignets**[3] de Lapointe.

– Je vais en informer le capitaine. Vos **sièges**[4] sont les 18A et 18B.

J'ai pris les billets, passé la porte avec Lapointe et l'ai **escorté**[5] le long du tunnel. Au bout, deux autres **agents de bord**[6] nous attendaient devant l'entrée du gros avion passager à destination de Montréal. Lapointe a **ralenti**[7].

– Allez, ai-je dit.

– J'ai besoin de quelque chose pour mes nerfs, a-t-il répondu. Vous m'avez **promis**[8] que je pourrais prendre un **calmant**[9].

Il me **faisait** presque **pitié**[10].

– Quand nous serons assis.

Les agents de bords ont observé Lapointe avec intérêt, mais personne d'autre n'a vraiment **fait attention**[11] à nous **tandis que**[12] nous cherchions nos sièges.

– Dans un peu plus de sept heures, nous serons rentrés chez nous, ai-je dit pendant que Lapointe s'installait près du **hublot**[13]. **Vous nous avez manqué**[14] au Canada.

– Le calmant. J'en ai besoin. Je ne peux pas prendre l'avion sans un calmant.

---

1 **ne pas avoir de souci à se faire** – *sich keine Sorgen machen sollen*
2 **les menottes (f Pl)** – *Handschellen*
3 **le poignet** – *Handgelenk*
4 **le siège** – *Sitz*
5 **escorter** – *begleiten*
6 **l'agent(e) (m/f) de bord** – *Flugbegleiter(in)*
7 **ralentir** – *hier: langsam(er) werden, verlangsamen*
8 **promettre à qn** – *jdm versprechen*
9 **le calmant** – *Beruhigungsmittel*
10 **faire pitié à qn** – *jdm leidtun*
11 **faire attention à qn** – *hier: jdm Aufmerksamkeit schenken*
12 **tandis que** – *während*
13 **le hublot** – *Seitenfenster*
14 **Vous nous avez manqué.** – *Wir haben Sie vermisst.*

Son visage était **livide**[1] et ses yeux **emplis de peur**[2]. Une ou deux personnes ont regardé dans notre direction. La dernière chose dont j'avais besoin, c'était qu'il **crée la panique**[3]. J'ai appuyé sur un bouton pour appeler un agent de bord et quelques minutes plus tard, une **séduisante**[4] jeune femme aux cheveux bruns est apparue.

– J'ai besoin d'un verre d'eau, s'il vous plaît, ai-je dit.

– Je suis désolée, Monsieur. Nous ne pouvons pas servir de boissons avant le **décollage**[5].

Je lui ai montré mon badge.

– Je suis responsable de ce **détenu**[6]. Il a besoin d'un calmant pour le vol.

La jeune femme a hésité.

– Il faut que je demande. C'est mon premier jour, a-t-elle dit avec un sourire nerveux.

J'ai **hoché la tête**[7] et attendu son retour.

– Voilà, a-t-elle dit en me tendant deux bouteilles d'eau.

Je l'ai remerciée et ai ouvert l'une des bouteilles.

– Vous voulez tout ? C'est fort, ai-je dit à Lapointe en lui montrant le **sachet**[8] de calmant en poudre.

Lapointe a hoché la tête et j'ai **haussé les épaules**[9].

– Ok.

J'ai vidé le sachet dans l'eau et ai secoué la bouteille.

– Excusez-moi, a dit quelqu'un. Monsieur ?

Je me suis retourné et j'ai vu un homme qui nous regardait de l'autre côté de l'**allée**[10].

---

1 **livide** – *blass*
2 **empli(e) de peur** – *angsterfüllt*
3 **créer la panique** – *Panik auslösen*
4 **séduisant(e)** – *attraktiv, bezaubernd*
5 **le décollage** – *Start*
6 **le/la détenu(e)** – *Häftling, Gefangene(r)*
7 **hocher la tête** – *nicken*
8 **le sachet** – *Tüte*
9 **hausser les épaules** – *mit den Achseln zucken*
10 **l'allée (f)** – *hier: Gang*

– Excusez-moi, a-t-il dit. Cet homme n'est pas dangereux ? **Ça ne craint rien**[1] de l'avoir à bord ?

L'homme était grand, **chauve**[2], avec un long nez et des lunettes de lecture, et il **avait l'air**[3] inquiet.

– Absolument pas, ai-je répondu, et je lui ai montré mon badge.

– **Service Canadien du Renseignement de Sécurité**[4] ? a lu l'homme. Donc il est dangereux. Clairement, il est dangereux. Excusez-moi, Mademoiselle, a-t-il dit à l'hôtesse de l'air. Est-ce que je peux changer de place, s'il vous plaît ? Je ne veux pas rester assis à côté d'un dangereux criminel.

La jeune hôtesse de l'air est revenue vers nous, mais l'homme avait parlé fort et les gens tournaient la tête pour voir ce qui se passait.

– Je… je… je ne crois pas que ce soit possible, a-t-elle dit.

– Il n'y a rien à craindre, ai-je **assuré**[5] d'une voix calme mais **ferme**[6]. Monsieur, veuillez **retourner à**[7] votre livre.

Pendant un instant, j'ai eu l'impression qu'il allait protester, mais finalement, il a **claqué** bruyamment **la langue**[8] et **s'est détourné**[9].

Je me suis détendu et j'ai de nouveau regardé Lapointe. Il avait déjà bu presque toute sa bouteille d'eau.

– Dormez, lui ai-je dit. Vous allez avoir besoin de votre énergie pour le **tribunal**[10].

---

1 **Ça ne craint rien de faire qc…?** – *hier: Ist es sicher etw zu tun…?*
2 **chauve** – *glatzköpfig*
3 **avoir l'air** – *aussehen, wirken*
4 **le Service Canadien du Renseignement de Sécurité (SCRS)** – *Nachrichtendienst der kanadischen Regierung*
5 **assurer** – *versichern*
6 **ferme** – *hier: fest*
7 **retourner à qc** – *hier: sich wieder auf etw konzentrieren*
8 **claquer la langue** – *mit der Zunge schnalzen*
9 **se détourner** – *sich abwenden*
10 **le tribunal** – *Gericht*

Il n'a pas répondu, mais il a **allongé son siège**[1] et a fermé les yeux.

J'ai poussé un **soupir**[2]. Cet homme me **décevait**[3] vraiment. Patrick Lapointe, le plus grand voleur d'œuvres d'art du monde, selon certains. L'homme qui avait volé des œuvres d'art au Louvre, à la Galerie Nationale de Londres, au **Met**[4]. Il avait convaincu des collectionneurs de lui **confier**[5] des chefs d'œuvres, il avait réalisé des **contrefaçons**[6] d'œuvres que l'on disait impossible à contrefaire. On disait qu'au total, la **valeur**[7] des œuvres qu'il avait volées au fil des années atteignait plus d'un milliard de dollars. Et surtout, il n'avait jamais **été pris**[8]. Du moins jusqu'à deux jours plus tôt, quand il avait été vu sur les **vidéos de surveillance**[9] d'une petite galerie d'art en Bretagne. Les agents de sécurité avaient appelé la police locale, qui était arrivée plus d'une demi-heure plus tard. Pourtant, elle avait quand même trouvé Lapointe assis devant un **tableau**[10].

Quand mes **supérieurs**[11] m'avaient demandé d'aller le chercher, j'avais presque été heureux. J'avais lu des articles sur absolument tous ses crimes. Chacun d'eux avait été **mené**[12] de manière intéressante et **pleine d'imagination**[13]. Il semblait être un criminel de génie, un charmant **escroc**[14].

Mais quand je l'avais rencontré la veille, dans cette petite gendarmerie de campagne française, j'avais vu qu'il n'était rien de tout ça. Plus maintenant.

---

1 **allonger son siège** – *seinen Sitz zurücklehnen*
2 **le soupir** – *Seufzer*
3 **décevoir qn** – *jdn enttäuschen*
4 **le Met (Metropolitan Museum of Art)** – *Kunstmuseum in New York*
5 **confier qc à qn** – *jdm etw anvertrauen*
6 **la contrefaçon** – *Fälschung*
7 **la valeur** – *Wert*
8 **être pris(e)** – *hier: geschnappt werden*
9 **la vidéo de surveillance** – *Überwachungsvideo*
10 **le tableau** – *hier: Gemälde*
11 **le/la supérieur(e)** – *Vorgesetzte(r)*
12 **mener** – *ausführen, durchführen*
13 **plein(e) d'imagination** – *fantasievoll, einfallsreich*
14 **l'escroc (m)** – *Betrüger(in)*

L'avion a décollé et Lapointe s'est accroché aux **accoudoirs**[1] de son siège, les yeux fermés, comme un enfant. J'ai secoué la tête et ai pris une longue **gorgée**[2] d'eau.

Une heure plus tard, il faisait noir de l'autre côté des hublots et les gens commençaient à se détendre après leur dîner. Je me suis laissé aller contre le **dossier**[3] de mon siège et j'ai réalisé que j'étais **assez**[4] fatigué, moi aussi. Les choses n'avaient pas été faciles en Bretagne. Il y avait eu des problèmes de formalités et nous avions raté les deux avions **précédents**[5]. Alors que j'essayais de me souvenir de la dernière fois que j'avais dormi, j'ai entendu du **mouvement**[6] à côté de moi.

– Excusez-moi, est-ce que je peux vous parler un moment ? a demandé une voix.

J'ai levé les yeux et ai vu un homme de grande taille, en jean, t-shirt gris et veste bleue. Je m'apprêtais à lui demander de quoi il voulait parler quand il a ouvert sa veste. J'ai vu un badge d'**agent de sécurité aérien**[7] à sa ceinture.

J'ai hoché la tête et regardé du côté de Lapointe. Il **ronflait**[8] doucement.

– Bien sûr.

Je me suis levé et ai suivi l'agent de sécurité vers l'avant de l'avion. Lorsque nous sommes arrivés dans le **compartiment de première classe**[9], il a fait un signe de tête à la jolie hôtesse de l'air et elle nous a laissés passer.

Nous sommes passés à côté de plusieurs personnes, dont beaucoup dormaient déjà, installées dans de larges sièges

---

1 **l'accoudoir (m)** – *Armlehne*
2 **la gorgée** – *Schluck*
3 **le dossier** – *hier: Rücklehne*
4 **assez** – *ziemlich*
5 **précédent(e)** – *hier: vorige(r, s)*
6 **le mouvement** – *Bewegung*
7 **l'agent(e) (m/f) de sécurité aérien(ne)** – *Flugsicherheitsbegleiter(in)*
8 **ronfler** – *schnarchen*
9 **le compartiment de première classe** – *Erste-Klasse-Kabine*

confortables, puis nous nous sommes arrêtés devant le petit bar et le **barman**[1] nous a souri.

– Je vous sers à boire, Messieurs ?

L'agent de sécurité a secoué la tête et le barman a continué de couper des citrons verts tandis que nous nous asseyions.

– Agent Pelletier, a dit l'agent de sécurité aérien.

Je me suis présenté et nous nous sommes serré la main.

– Nous n'avons pas reçu beaucoup d'informations au sujet de vous et de votre homme. Quand j'ai vu qu'il dormait, j'ai pensé que j'allais voir si je pouvais vous **être utile**[2].

– C'est gentil de votre part, Monsieur Pelletier, mais tout est sous contrôle.

– Vous êtes sûr ? Il paraît que ce **salopard**[3] est **sacrément**[4] **malin**[5].

J'ai haussé les épaules.

– C'était peut-être vrai, mais plus maintenant. Je ne sais pas ce qui lui est arrivé, mais il a **déclaré forfait**[6]. Je ne devrais pas dire ça, mais c'est presque **décevant**[7].

Je **me** suis **frotté**[8] les yeux. La lumière derrière le bar était si intense qu'elle me faisait mal.

– Vraiment ? Je me souviens d'avoir tout lu sur lui en 2003. Toutes ces choses qu'il a faites. Vous croyez qu'il était seul ?

J'ai de nouveau haussé les épaules.

– Je ne sais pas. Je me suis posé la question. Il y a des gens qui disent qu'il a toujours eu une équipe. Peut-être que c'est vrai.

Je me suis tourné vers le barman et ai demandé :

---

1 **le barman** – *Barkeeper*
2 **être utile à qn** – *hier: jdm helfen*
3 **le salopard** *(ugs.)* – *Schweinehund*
4 **sacrément** *(ugs.)* – *wahnsinnig*
5 **malin/maligne** – *schlau*
6 **déclarer forfait** – *aufgeben*
7 **décevant(e)** – *enttäuschend*
8 **se frotter** – *sich reiben*

– **Puis-je**[1] avoir un coca® ?

J'étais plus que fatigué, la **caféine**[2] me **ferait du bien**[3].

– Ça va ? a demandé Pelletier. Vous avez l'air un peu **pâle**[4].

– Je suis juste fatigué, ai-je dit. Mais je devrais y **retourner**[5].

– Je peux aller **jeter un œil à**[6] Lapointe, si vous voulez. Buvez votre coca®. Ça aide sur ces **vols long-courriers**[7]. Croyez-moi.

– Merci, ai-je dit en regardant Pelletier retourner vers le milieu de l'avion.

Je me suis détourné de la lumière trop **vive**[8] et me suis **pincé**[9] l'**arête du nez**[10]. Mes yeux étaient lourds, peut-être à cause de la **pression**[11] dans la cabine de l'avion.

– Et voilà, a dit le barman.

J'ai pris le verre de coca® et l'ai bu **d'un trait**[12].

– Et du coup, c'est quel genre de criminel ? a demandé le barman. Il est dangereux ?

J'ai secoué la tête.

– C'était un voleur d'art.

– Ah bon ? Hm. Alors c'est juste une **coïncidence**[13] ?

J'ai **à peine**[14] entendu le type. Je me sentais bizarre.

– Qu'est-ce qui est une coïncidence ?

– Eh bien, le tableau, a-t-il répondu. *Crying Girl*. On le transporte jusqu'au Canada. Il est dans la **soute**[15].

---

1 **puis-je** (*besondere Frageform*) – *kann ich*
2 **la caféine** – *Koffein*
3 **faire du bien à qn** – *jdm guttun*
4 **pâle** – *blass*
5 **retourner** – *zurückgehen*
6 **jeter un œil à qn** – *einen Blick auf jdn werfen*
7 **le vol long-courrier** – *Langstreckenflug*
8 **vif(-ve)** – *hier: hell*
9 **pincer qc** – *etw zwicken, etw kneifen*
10 **l'arête (f) du nez** – *Nasenrücken*
11 **la pression** – *hier: Luftdruck*
12 **d'un trait** – *in einem Zug*
13 **la coïncidence** – *Zufall*
14 **à peine** – *kaum*
15 **la soute** – *Frachtraum*

C'était comme si on m'**aspergeait** le visage **d'eau**[1] froide. Je me suis de nouveau tourné vers le barman.

– Quoi ?

– Oui. C'est la première fois en presque vingt ans qu'on le **déplace**[2]. Tout le monde en parle. On m'a dit que c'était l'un des tableaux les plus chers du monde.

Je me suis levé de mon siège, mais mon corps était lent et lourd tandis que je traversais l'avion. Ce n'est pas possible, me suis-je dit. Mais un horrible sentiment me **nouait l'estomac**[3].

En arrivant à quelques pas de nos sièges, je **me suis arrêté net**[4], **le cœur battant**[5]. Il n'était plus là.

J'ai continué d'avancer, mes yeux **balayant**[6] la cabine. Sur son siège, il n'y avait rien d'autre que son manteau.

– Excusez-moi, Monsieur, ai-je dit au passager aux lunettes de lecture. L'agent de sécurité a-t-il déplacé cet homme ?

Le passager a levé les yeux vers moi et a baissé ses lunettes avant de tourner la tête vers le siège vide.

– Aucune idée, a-t-il dit.

J'ai avancé dans l'allée et me suis arrêté devant l'hôtesse de l'air. Tout en essayant de parler d'une voix calme, j'ai demandé :

– Où est-il ?

Elle m'a regardé, **perdue**[7].

– Qui, Monsieur ?

– Le passager du siège 18A, ai-je dit.

– Je… je ne sais pas. Y a-t-il un problème ?

J'ai secoué la tête.

– Où est l'agent de sécurité ?

Elle m'a regardé, **désormais**[8] inquiète.

---

1 **asperger qc d'eau** – *etw mit Wasser bespritzen*
2 **déplacer qc** – *etw bewegen, etw an einen anderen Ort bringen*
3 **nouer l'estomac à qn** – *jdm den Magen zuschnüren*
4 **s'arrêter net** – *abrupt stoppen*
5 **le cœur battant** – *mit Herzklopfen*
6 **balayer qc** – *hier: etw absuchen, etw abscannen*
7 **perdu(e)** – *hier: verwirrt*
8 **désormais** – *nunmehr*

– Qui ?

– Pelletier, ai-je dit, la voix légèrement **tremblante de colère**[1]. L'agent de sécurité, M. Pelletier. L'homme avec qui j'étais il y a un instant.

– Monsieur, je ne savais pas qui était cet homme. Je pensais que c'était un agent du SCRS, comme vous.

J'ai eu l'impression que l'on me plantait un couteau froid comme la glace dans l'estomac.

– Vous voulez dire qu'il n'est pas agent de sécurité ?

La jeune femme a secoué la tête.

– Je ne sais pas. Peut-être. Je vous l'ai dit, c'est mon premier jour. Monsieur, vous allez bien ? Vous **n'avez pas l'air dans votre assiette**[2].

– Il faut que je parle au capitaine. Tout de suite.

L'hôtesse de l'air m'a de nouveau escorté vers l'avant de l'avion. Cette fois, les gens ont commencé à nous regarder **au passage**[3].

Lorsque nous sommes arrivés dans le compartiment de première classe, j'ai cherché des yeux le barman, mais comme je ne le voyais pas, je me suis approché du cockpit et j'ai appuyé sur le bouton de l'**interphone**[4].

– Capitaine, agent Duval, SCRS. Vous savez que j'escorte un **suspect**[5] vers le Canada, il me semble.

Une seconde plus tard, le capitaine a répondu :

– Bonsoir, agent Duval. Tout va bien ?

– Nous avons peut-être un problème.

Et je lui ai tout expliqué.

– Pelletier, a dit le capitaine. Oui, c'est notre agent de sécurité.

---

1 **trembler de colère** – *vor Wut zittern*
2 **ne pas avoir l'air dans son assiette** (ugs.) – *sich schlecht fühlen, nicht gut aussehen*
3 **au passage** – *hier: im Vorbeigehen*
4 **l'interphone (m)** – *Sprechanlage*
5 **le/la suspect(e)** – *Verdächtige(r)*

J'ai **laissé échapper**[1] un long soupir.

– Ok. Mais Lapointe a peut-être quand même **forcé**[2] Pelletier à lui ouvrir l'**accès**[3] à la soute.

Il y a eu une pause.

– Impossible. C'est nous qui **autorisons**[4] l'accès depuis le cockpit, et nous ne l'avons pas fait.

J'ai réfléchi un moment.

– Écoutez, j'ai besoin de **vérifier**[5] s'il a réussi à **mettre la main sur**[6] le tableau. Lapointe et ce tableau dans le même avion, ça ne peut pas être une coïncidence. Il a peut-être trouvé un autre moyen de descendre dans la soute. Pouvez-vous m'autoriser l'accès ?

Il y a eu une nouvelle pause, plus longue.

– Ok. Mais c'est votre responsabilité, agent Duval. Un agent de bord va vous montrer où se trouve l'accès. Je l'ouvrirai **à distance**[7].

– D'accord. Et, Capitaine, gardez cette porte fermée.

Deux minutes plus tard, j'étais à l'arrière de l'avion.

– C'est là, a dit la responsable du **personnel de cabine**[8], une femme d'une **cinquantaine**[9] d'années au visage sérieux. La jeune femme qui m'avait aidé un peu plus tôt était là aussi, la **mine**[10] inquiète.

La lumière rouge du **panneau d'accès**[11] est passée au vert et j'ai tiré le **battant**[12] pour l'ouvrir. Je me suis tourné vers la responsable.

---

1 **laisser échapper qc** – *hier: etw ausstoßen*
2 **forcer** – *zwingen*
3 **l'accès (m)** – *Zugang*
4 **autoriser qc** – *etw erlauben*
5 **vérifier qc** – *etw überprüfen*
6 **mettre la main sur qc** – *an etw herankommen*
7 **à distance** – *per Fernsteuerung*
8 **le personnel de cabine** – *Kabinenbesatzung*
9 **une cinquantaine** – *etwa fünfzig*
10 **la mine** – *hier: Gesichtsausdruck*
11 **le panneau d'accès** – *Zugangsklappe*
12 **le battant** – *hier: Tür*

– Fermez derrière moi. Personne n'entre ou ne sort d'ici **à part**[1] moi.

Je suis descendu dans le **réduit**[2] puis dans la soute.

Il faisait plus froid là en bas, beaucoup plus froid. J'ai pris une profonde inspiration. Je me suis rendu compte que je ne me sentais vraiment pas bien. Ce n'était pas simplement la fatigue, il y avait autre chose.

Je suis descendu le long d'une courte **échelle**[3] et j'ai sorti mon **arme**[4].

– Lapointe ? ai-je appelé. Pelletier ?

Comme je n'**obtenais**[5] pas de réponse, j'ai commencé à avancer entre les **chariots**[6] de bagages et autres objets **variés**[7] transportés dans l'avion. Au bout de dix minutes cependant, j'ai dû m'arrêter. Je ne savais pas où se trouvait le tableau et j'avais de plus en plus de mal à **focaliser mon regard**[8].

– Lapointe, salopard, ai-je dit. Qu'est-ce que tu as fait ?

À ce moment-là, quelqu'un s'est mis à rire derrière moi. Je me suis retourné, **pistolet au poing**[9], mais je ne voyais pas suffisamment bien pour savoir qui était là. J'ai entendu un autre rire, sur ma gauche, et j'ai **fait volteface**[10].

– Il devrait déjà avoir **perdu connaissance**[11] maintenant, a dit une voix **familière**[12].

Pendant un instant, j'ai pu voir la personne en face de moi. C'était le barman.

– Mon coca® ?

---

1 **à part** – *außer*
2 **le réduit** – *hier: Kammer*
3 **l'échelle (f)** – *Leiter*
4 **l'arme (f)** – *Waffe*
5 **obtenir qc** – *etw erhalten, etw bekommen*
6 **le chariot** – *Wagen, Karren*
7 **varié(e)** – *hier: verschieden*
8 **focaliser son regard** – *seinen Blick fokussieren*
9 **pistolet au poing** – *mit der Pistole im Anschlag*
10 **faire volteface** – *eine Kehrtwendung machen*
11 **perdre connaissance** – *in Ohnmacht fallen, das Bewusstsein verlieren*
12 **familier(-ière)** – *vertraut*

– Votre coca° et votre bouteille d'eau, a dit quelqu'un d'autre.

Cette voix aussi était familière, mais en même temps différente.

– Les choses ont commencé à **aller de travers**[1] pour vous quand vous avez bu cette bouteille d'eau, agent Duval.

Lapointe. C'était la voix de Lapointe, mais elle était calme maintenant. Calme et **sûre d'elle**[2]. J'ai tenté de lever une nouvelle fois mon arme, mais mon bras était trop faible.

– C'est ma faute, a dit la personne qui avait ri en premier. Je l'ai **distrait**[3]. N'est-ce pas, agent Duval ?

Pendant un instant, j'ai vu clairement le visage du passager aux lunettes de lecture.

– Comment êtes-vous arrivés jusqu'ici ?

– C'était facile. Nous vous avons suivi, a dit Lapointe. C'était très gentil à vous de demander au capitaine d'ouvrir la soute. Bien sûr, c'était notre plan depuis le début.

Ma tête s'est mise à tourner.

– Les hôtesses de l'air, ai-je dit en pensant aux deux femmes devant le panneau d'accès à la soute. Si vous leur avez fait du mal…

À ce moment, une autre voix **s'est élevée**[4], et quand je l'ai entendue, j'ai senti mes jambes **se dérober**[5] sous moi.

– C'est **adorable**[6]. Vous ne trouvez pas que c'est adorable ?

C'était une voix de femme. La voix de l'hôtesse aux cheveux bruns.

– Vous ?

Elle **s'est** suffisamment **rapprochée**[7] de moi pour que je voie son visage nettement.

---

1 **aller de travers** – *schiefgehen, aus dem Ruder laufen*
2 **sûr(e) de soi** – *selbstsicher*
3 **distraire qn** – *jdn ablenken*
4 **s'élever** – *hier: zu hören sein*
5 **se dérober** – *hier: versagen*
6 **adorable** – *süß*
7 **se rapprocher de qn** – *sich jdm nähern*

– Désolée, agent Duval. Ce n'est rien de personnel. Et **ne vous en faites pas**[1] pour l'autre femme, Hélène. Elle fait juste une petite sieste.

J'ai entendu le panneau d'accès se refermer en haut de l'échelle, et lorsque j'ai levé les yeux, ma tête tournait tellement que je **me suis effondré**[2].

– Attention, a dit Lapointe, qui m'avait rattrapé et était en train de **m'allonger**[3] sur le sol.

– Pelletier, ai-je dit. Qu'avez-vous fait de Pelletier ?

– Ah, a dit une nouvelle voix, et j'ai entendu quelqu'un descendre le long de l'échelle. Vous êtes passé à côté de lui plusieurs fois, ce soir. Il est allongé dans l'un de ces larges sièges bien confortables en première classe. Il a un **masque de sommeil**[4] sur le visage, pour qu'aucun membre du personnel de cabine ne le reconnaisse. Il aime bien boire un verre ou deux avant ces longs vols, vous voyez. Et notre barman **ici présent**[5] les fait bien forts, n'est-ce pas ?

L'homme qui se faisait appeler Pelletier **s'est agenouillé**[6] à côté de moi.

– Vous vous souvenez, je vous ai demandé si Lapointe travaillait seul ? Maintenant, vous savez.

– Vous ne… pourrez… pas quitter… cet avion… en vie. Quand nous **atterrirons**[7]…

Un rire a **éclaté**[8].

– Allez chercher le tableau, a dit Lapointe à son équipe. Et préparez-vous.

Puis il s'est agenouillé à côté de moi.

---

1 **Ne vous en faites pas.** – *Machen Sie sich keine Sorgen.*
2 **s'effondrer** – *zusammenbrechen*
3 **s'allonger** – *sich hinlegen*
4 **le masque de sommeil** – *Schlafmaske*
5 **ici présent(e)** – *hier anwesend*
6 **s'agenouiller** – *sich hinknien*
7 **atterrir** – *landen*
8 **éclater** – *ertönen*

– Je suis désolé, agent Duval. Tout cela doit être très **déroutant**[1] pour vous. Vous voyez, dès que j'ai entendu dire que *Crying Girl* allait être déplacée, j'ai su que je devais monter à bord de cet avion. Nous avions trois mois pour tout organiser, et c'est notre amie ici présente, Mlle X, qui a **suggéré**[2] que je **me laisse prendre**[3]. Elle savait que le timing était risqué, mais heureusement, nous avons de très bons amis dans la police française. Ça n'a pas été facile, mais avec quelques **faveurs**[4] ici ou là, nous avons réussi à **faire en sorte que**[5] le seul avion pour me ramener à Montréal soit celui-ci.

– Vous ne…

– Nous ne **nous en sortirons**[6] pas ? Non, en effet. Pas si nous atterrissons.

Lapointe s'est relevé et je l'ai entendu bouger au-dessus de ma tête.

– Ah, êtes-vous le copilote ?... Non, non, ce n'est pas l'agent Duval. Malheureusement, il n'**est pas en mesure de**[7] venir jusqu'à l'interphone… oui, c'est Patrick Lapointe… c'est exact. Maintenant, pourriez-vous me passer le capitaine, s'il vous plaît ?

Lapointe **s'est tu**[8].

– Je veux tout le monde prêt dans trois minutes, a-t-il dit poliment à son équipe.

Puis :

– Ah, capitaine, a-t-il continué dans l'interphone. Oui… Je suis vraiment désolé pour le **désagrément**[9] et j'aimerais vraiment **éviter**[10] tout problème pour vous ou vos passagers.

---

1 **déroutant(e)** – *verwirrend*
2 **suggérer** – *vorschlagen*
3 **se laisser prendre** – *sich fangen lassen*
4 **la faveur** – *Gefallen, Gefälligkeit*
5 **faire en sorte que** – *dafür sorgen, dass*
6 **s'en sortir** – *hier: davonkommen*
7 **être en mesure de faire qc** – *in der Lage sein etw zu tun*
8 **se taire** – *hier: verstummen*
9 **le désagrément** – *Unannehmlichkeit*
10 **éviter qc** – *etw vermeiden*

Ne vous inquiétez pas, je ne vais rien vous demander de très difficile. Tout ce que vous avez à faire, c'est **ralentir**[1] l'avion le plus possible et descendre à une **altitude**[2] de 20 000 pieds... oui, c'est ça... non, je vous demande de le faire tout de suite, capitaine. **D'ailleurs**[3], si je ne sens pas l'avion ralentir, les choses pourraient devenir très **déplaisantes**[4] pour l'agent Duval. De plus, nous allons ouvrir l'une des portes de la soute dans cinq minutes. Vous ne pouvez pas nous en **empêcher**[5], mais je pense que vous savez ce qui arrivera à votre avion si vous ne **réduisez**[6] pas votre vitesse et votre altitude... exactement... merci, capitaine... et, capitaine, n'oubliez pas d'envoyer quelqu'un chercher l'agent Duval dans **une dizaine**[7] de minutes. Il va bientôt faire très froid, ici.

Lapointe a **raccroché**[8] et peu après, j'ai senti l'avion ralentir. L'équipe de Lapointe a poussé des cris de joie et j'ai pu les voir déplacer quelque chose vers l'une des portes. C'était un petit objet **rectangulaire**[9], couvert de plastique épais. C'était le tableau, je le savais.

– C'est moi qui prends ça, a dit Lapointe.

Il a enfilé une **combinaison**[10] par-dessus ses vêtements et le barman l'a aidé à mettre son **parachute**[11]. J'ai soudain réalisé qu'ils portaient tous une combinaison et un parachute, désormais.

– Vous êtes... fous... ai-je dit. Nous sommes au-dessus de l'océan Atlantique. Vous ne pouvez pas sauter ici... vous allez mourir... vous allez mourir.

---

1 **ralentir qc** – *hier: etw (ab)bremsen*
2 **l'altitude (f)** – *Höhe*
3 **d'ailleurs** – *übrigens*
4 **déplaisant(e)** – *unangenehm*
5 **empêcher qn de faire qc** – *jdn daran hindern etw zu tun*
6 **réduire qc** – *etw verringern*
7 **une dizaine** – *etwa zehn*
8 **raccrocher** – *(den Hörer) auflegen*
9 **rectangulaire** – *rechteckig*
10 **la combinaison** – *hier: Overall*
11 **le parachute** – *Fallschirm*

– Vous voyez, a dit M^(lle) X, il s'inquiète pour nous. Je vous ai bien dit qu'il était adorable.

J'ai encore entendu des rires, puis, après quelques minutes, Lapointe a dit :

– Il est temps.

À ce moment-là, j'étais à peine encore **conscient**[1], mais quand ils ont ouvert la porte de la soute, le **hurlement**[2] et le froid glacial du vent m'ont réveillé d'un coup, et pendant un moment, je les ai vus me sourire. Le barman a sauté en premier, puis le passager aux lunettes de lecture, l'hôtesse de l'air et enfin le faux agent de sécurité. Pour finir, Lapointe s'est mis en position, le tableau fixé sur sa poitrine.

– **Nous y voilà**[3], a-t-il dit avec un sourire que je n'oublierai jamais. C'était un réel plaisir de faire votre connaissance, agent Duval. J'espère que cette expérience n'aura pas été trop… décevante.

Et il a sauté. Je n'ai jamais revu le passager du siège 18A. Je **suppose**[4] que l'on pourrait dire qu'il **s'est envolé**[5].

---

1 **conscient(e)** – *bewusst*
2 **le hurlement** – *hier: Heulen*
3 **Nous y voilà.** – *Da sind wir nun.*
4 **supposer qc** – *etw annehmen*
5 **s'envoler** – *hier: sich in Luft auflösen*

→ Etwa 20 km nord-östlich von Paris liegt der **Flughafen Paris-Charles-de-Gaulle**, auch unter den Namen *Roissy-Charles-de-Gaulle* oder nur *Roissy* bekannt. Es ist der größte Flughafen Frankreichs und der zweitgrößte internationale Verkehrsflughafen Europas. Einige Fluggesellschaften bieten einen Direktflug von Paris nach Montreal, der Millionenmetropole in der französischsprachigen Provinz Québec in Kanada an. Der Flug dauert etwas über sieben Stunden und man befindet sich fast die ganze Zeit über dem tiefen und eiskalten Wasser des Atlantischen Ozeans. Um die Sicherheit der Passagiere zu gewährleisten, werden in Kanada Flugsicherheitsbegleiter auf Langstreckenflügen eingesetzt. Diese sind bewaffnet und haben ein Spezialtraining bei der *Royal Canadian Mounted Police* absolviert. Die Passagiere können so normalerweise entspannt und sicher über den großen Teich kommen – oder manchmal eben auch nicht.

4. CRIMES PASSIONNELS

Les gens pensent qu'il n'y a rien de plus puissant au monde que l'amour. Ils **ont tort**[1]. Il y a la **perte**[2].

Lorsque[3] l'on aime quelqu'un, même si on l'aime de tout son cœur, il y a toujours des moments dans lesquels on **tient** cette personne **pour acquise**[4]. Il y a des moments où elle nous **agace**[5]. Des moments où l'on pense qu'elle ne nous comprend pas, ou que nous ne la comprenons pas. Et même lorsque l'on tient à cette personne plus qu'à **quiconque**[6] sur cette terre, il arrive que l'on soit en colère après elle. Il se peut qu'on lui crie après pour des **broutilles**[7] dont on ne se souvient même plus après. On peut même s'imaginer la quitter.

La perte, par contre, c'est différent. Avec la perte, on ne tient rien pour acquis. La perte nous montre justement **à quel point**[8] cette personne était importante à nos yeux. La perte nous **fait prendre conscience**[9] que l'on ne peut pas vivre sans cette personne.

Oui, l'amour est beau et puissant. Mais la perte… eh bien, la perte vous rend plus fort et plus **déterminé**[10] que vous ne l'avez jamais cru possible.

---

1 **avoir tort** – *Unrecht haben*
2 **la perte** – *Verlust*
3 **lorsque** – *wenn*
4 **tenir qn pour acquis(e)** – *jdn für selbstverständlich halten*
5 **agacer qn** – *jdm auf die Nerven gehen*
6 **quiconque** – *jede(r) andere*
7 **la broutille** – *Lappalie*
8 **à quel point** – *wie sehr*
9 **faire prendre conscience à qn** – *jdm bewusst machen*
10 **déterminé(e)** – *entschlossen*

Je lève les yeux de mon verre et **aperçois**[1] mon **reflet**[2] dans le miroir derrière le bar. Je n'ai pas l'air fort, me dis-je. Mon visage **est amaigri**[3], mes yeux bleus sont plus fatigués qu'avant. J'ai même l'impression de **distinguer**[4] un peu de gris dans le blond foncé de mes cheveux.

Oui, ça aussi, ça peut être le résultat de la perte. Mais de l'amour ? Je ne pense pas.

Je sors mon **carnet**[5] de la poche de mon blazer brun et l'ouvre à une nouvelle page. Je veux écrire la date dans le coin, mais pendant un instant, je ne m'en souviens pas. Je regarde la page **précédente**[6] pour vérifier. Oui, nous sommes le 14. Le 14 novembre. Je suis donc à Nouméa, en Nouvelle-Calédonie, depuis sept jours.

Je sais que je **souffre** encore un peu **du décalage horaire**[7], mais cette fatigue **se mêle**[8] aux **insomnies**[9] et à l'**épuisement**[10] auxquels je **fais face**[11] chaque jour depuis… Je regarde la première page de mon carnet et **calcule**[12] rapidement… depuis trois cent vingt-neuf jours.

Presque un an. Presque un an que je l'ai perdue. Non. Presque un an qu'elle m'a été **enlevée**[13].

Je sors une photo d'elle de mon carnet. C'est la photo que je regarde toujours. Celle de notre premier Noël ensemble. Elle est assise près du sapin de Noël et porte le pull blanc que je lui avais offert. Elle sourit. Ses yeux d'un marron profond brillent

---

1 **apercevoir qc** – *etw erblicken*
2 **le reflet** – *Spiegelbild*
3 **être amaigri(e)** – *hier: eingefallen sein*
4 **distinguer qc** – *etw erkennen*
5 **le carnet** – *Notizbuch, Heft*
6 **précédent(e)** – *vorherige(r, s), vorhergehende(r, s)*
7 **souffrir du décalage horaire** – *unter der Zeitverschiebung leiden*
8 **se mêler à qc** – *sich mit etw mischen*
9 **l'insomnie (f)** – *Schlaflosigkeit*
10 **l'épuisement (m)** – *Erschöpfung*
11 **faire face à qc** – *sich etw gegenübersehen*
12 **calculer** – *rechnen*
13 **enlevé(e)** – *hier: weggenommen*

de bonheur et elle porte un bonnet de père Noël rouge **ridicule**[1] d'où **s'échappent**[2] ses **boucles**[3] blondes.

– Cathie, dis-je à haute voix, **incapable**[4] de **m'en empêcher**[5].

– Monsieur ? demande le serveur.

– Euh… Un autre café, s'il vous plaît, dis-je.

Je remets la photo de Cathie à sa place et continue de **fixer**[6] le miroir derrière le bar. Mais ce n'est plus mon propre reflet que j'observe. Non. J'**examine**[7] le visage des personnes qui vont et viennent dans l'hôtel. Je **surveille**[8] surtout les portes des ascenseurs à l'autre bout de la salle. S'il est ici, c'est là que je le verrai.

Mes yeux continuent de regarder le reflet, mais mon esprit **divague**[9]. Un an. Je n'arrive pas y croire. Je me souviens de cette horrible journée de décembre l'année dernière comme si c'était hier. Tout est si clair dans mon esprit. Je me suis garé dans l'allée et j'ai marché jusqu'à la porte d'entrée de notre petite maison en banlieue de Montpellier. J'ai **déverrouillé**[10] la porte et je l'ai ouverte.

À peine[11] j'étais entré, j'ai su qu'elle n'était plus là.

J'ai appelé la police, mais cela **n'a servi à rien**[12]. Ils m'ont dit que Cathie était adulte. Qu'il n'y avait pas de **trace d'effraction**[13]. Que nous n'étions pas mariés.

Ils m'ont dit que parfois, les gens partaient, tout simplement.

---

1 **ridicule** – *lächerlich*
2 **s'échapper** – *hier: herauskommen*
3 **les boucles (f Pl)** – *Locken*
4 **incapable** – *unfähig*
5 **s'empêcher de faire qc** – *sich etw verkneifen*
6 **fixer** – *hier: anstarren*
7 **examiner qc** – *etw mustern*
8 **surveiller qc** – *etw überwachen*
9 **divaguer** – *hier: (mit den Gedanken) abschweifen*
10 **déverrouiller qc** – *etw aufschließen*
11 **à peine** – *kaum*
12 **ne servir à rien** – *nichts bringen, zu nichts führen*
13 **la trace d'effraction** – *Einbruchsspur*

Mais pas Cathie. Non. Je savais que quelqu'un l'avait **enlevée**[1].

Je me suis souvenu qu'elle **s'était comportée**[2] de manière étrange les jours précédents. Elle avait été plus **réservée**[3], nerveuse. Quelqu'un l'avait-il **menacée**[4] ? S'était-elle **retrouvée en difficultés**[5] sans pouvoir m'en parler ?

Quand j'ai réalisé que la police ne serait d'aucune aide, j'ai commencé ma propre **enquête**[6].

Au début, je n'avais **pas grand-chose**[7]. J'ai **fouillé**[8] la maison avec attention, en faisant une liste de tout ce qui manquait. Le passeport de Cathie, son sac à main, ses clés, quelques-uns de ses papiers, et juste une ou deux choses dans la salle de bain avaient disparu. Ses vêtements étaient encore là, et presque toutes ses chaussures.

J'ai commencé à imaginer un horrible **scénario**[9]. Quelqu'un était entré dans la maison avant Cathie. Comment, je ne sais pas, même si je **soupçonne**[10] qu'il nous a, à un moment donné, volé une clé pour en faire un **double**[11]. Ensuite, quand Cathie est arrivée, l'**intrus**[12] l'a enlevée.

Tout avait été parfaitement planifié. Le **kidnappeur**[13] savait quand nous serions tous les deux à la maison. Il savait combien de temps il avait. Il l'avait **forcée à**[14] prendre son passeport et ses papiers, ses clés et ses médicaments. Puis il l'avait emmenée avant que j'arrive.

---

1 **enlever qn** – *hier: jdn entführen*
2 **se comporter** – *sich verhalten*
3 **réservé(e)** – *zurückhaltend*
4 **menacer qn** – *jdn bedrohen*
5 **se retrouver en difficultés** – *in Schwierigkeiten geraten*
6 **l'enquête (f)** – *Ermittlung*
7 **pas grand-chose** – *nicht viel*
8 **fouiller qc** – *etw durchsuchen*
9 **le scénario** – *Szenario*
10 **soupçonner** – *vermuten*
11 **le double** – *hier: Kopie, Zweitschlüssel*
12 **l'intrus(e)** – *Eindringling*
13 **le/la kidnappeur(-euse)** – *Entführer(in)*
14 **forcer qn à faire qc** – *jdn zwingen etw zu tun*

Pendant des jours, je **me suis creusé la tête**[1] pour trouver une explication à tout ça. Pourquoi Cathie ? Pourquoi nous ? Au bout d'un certain temps cependant, j'ai compris que le pourquoi n'avait pas d'importance. Non. La seule chose qui **comptait**[2] était de la retrouver.

J'ai commencé à interroger les habitants de ma rue. Finalement, c'est la vieille dame d'en face qui m'a donné mon premier **indice**[3], et le plus important. Elle ne m'a pas laissé entrer dans son appartement mais est restée sur le **pas de la porte**[4] et m'a regardé froidement. Oui, a-t-elle dit, elle avait vu une voiture dans notre allée. Une voiture qu'elle n'avait jamais vue **auparavant**[5], conduite par un homme âgé, **la soixantaine**[6] peut-être. Elle ne l'avait pas vu entrer dans la maison, mais elle l'avait vu partir… et Cathie était avec lui.

La vieille dame se rappelait la marque et la couleur de la voiture. **Cela suffisait.**[7] Je suis allé voir plusieurs des magasins **alentour**[8] dans la rue qui mène à la nôtre. La plupart des gens m'ont dit qu'ils ne pouvaient rien faire pour moi, mais un homme dont la boutique était équipée d'une **caméra de surveillance**[9] m'a laissé regarder la vidéo du jour de la **disparition**[10] de Cathie. On pouvait y voir la **devanture**[11] du magasin, mais aussi la rue que la mystérieuse voiture avait dû prendre. Je me souviens d'avoir regardé la vidéo assis sur le **rebord**[12] de ma chaise. Je savais qu'identifier l'homme était ma seule chance de retrouver Cathie.

---

1 **se creuser la tête** – *sich den Kopf zerbrechen*
2 **compter** – *zählen*
3 **l'indice (m)** – *Hinweis, Anhaltspunkt, Spur*
4 **le pas de la porte** – *Türschwelle*
5 **auparavant** – *zuvor*
6 **la soixantaine** – *etwa sechzig Jahre alt*
7 **Cela suffisait.** – *Es reichte.*
8 **alentour** – *ringsum*
9 **la caméra de surveillance** – *Überwachungskamera*
10 **la disparition** – *Verschwinden*
11 **la devanture** – *hier: Schaufenster*
12 **le rebord** – *hier: Kante*

Et il était là. Assis derrière le **volant**[1] d'une voiture de la même marque et de la même couleur que celle décrite par la vieille dame. Je ne savais toujours pas qui il était. Mais c'était un autre indice, **un pas en avant**[2].

J'ai **téléchargé**[3] sa photo sur Internet. J'ai cherché **sans relâche**[4] pour **tenter de**[5] mettre un nom sur son visage.

Au bout d'un moment, j'ai compris que sa photo ne m'aiderait pas. Pas tout de suite en tout cas.

Je me suis donc plutôt concentré sur la voiture. J'avais le **numéro d'immatriculation**[6], mais c'était une voiture de location et l'agence a refusé de me donner des informations sur la personne qui l'avait louée ce jour-là. J'ai demandé à la police d'**obliger**[7] l'agence à me donner ces informations, mais on m'a simplement dit d'arrêter mes recherches.

Alors cette nuit-là, j'ai fait ma valise et j'ai pris un taxi pour le centre de Montpellier. De là, j'ai travaillé depuis une petite chambre dans un hôtel pas cher. J'ai commencé par chercher des informations sur les employés de l'agence de location de voiture. Cela m'a pris des semaines, mais j'ai finalement trouvé quelqu'un que j'ai réussi à faire parler. Dans un parking sombre de la ville, un employé m'a donné un **dossier**[8]. Je l'ai remercié, mais il a **craché**[9] par terre et m'a **traité de**[10] maître-chanteur[11]. Je voulais lui expliquer que tout ce que je faisais, je le faisais pour sauver la femme que j'aimais, mais je n'en avais pas le temps.

---

1 **le volant** – *Lenkrad*
2 **un pas en avant** – *ein Schritt nach vorne*
3 **télécharger qc** – *etw hochladen*
4 **sans relâche** – *unermüdlich*
5 **tenter de faire qc** – *versuchen etw zu tun*
6 **le numéro d'immatriculation** – *Autokennzeichen*
7 **obliger qn à faire qc** – *jdn zwingen etw zu tun*
8 **le dossier** – *Aktenordner*
9 **cracher** – *spucken*
10 **traiter qn de qc** – *jdn als etw beleidigen*
11 **le/la maître-chanteur(-euse)** – *Erpresser(in)*

De retour dans ma chambre d'hôtel, j'ai aussitôt ouvert le dossier et **me** suis **rué sur**[1] les documents à l'intérieur.

Le nom, Jean Dupont, était clairement faux. L'homme avait payé **en liquide**[2] et avait laissé une grosse caution plutôt que sa carte de crédit, ce qui ne m'aidait pas non plus. Il y avait cependant une information sur le lieu où la voiture avait été louée : Clermont-Ferrand.

J'ai quitté l'hôtel le soir même et ai pris le premier train qui montait vers le nord.

Une année entière. Où le temps est-il passé ? Parfois, j'avais l'impression d'être juste derrière eux, mais parfois, c'était aussi comme si je passais des semaines au même endroit, sans savoir quelle serait ma prochaine destination, sans savoir si je retrouverais Cathie un jour.

De Clermont-Ferrand, je suis redescendu vers le sud, d'abord en direction de Bordeaux, puis jusqu'à Perpignan. Ensuite, je suis passé en Espagne, où je suis allé jusqu'à une petite ville appelée La Corogne. Il m'a fallu longtemps pour comprendre la raison de cet étrange trajet long et compliqué. C'était parce qu'il est beaucoup plus facile de voyager sans **se faire remarquer**[3] en passant par la route. Les trajets par avion ou par bateau sont bien plus faciles à **traquer**[4]. À chaque fois, il faut montrer son passeport, il y a toujours des listes de passagers qui **présentent le risque**[5] d'**être divulguées**[6] ou vendues.

Le **ravisseur**[7] de Cathie était **prudent**[8], organisé et **malin**[9]. Il savait que j'**étais après eux**[10].

---

1 **se ruer sur qc** – *sich auf etw stürzen*
2 **en liquide** – *bar*
3 **se faire remarquer** – *auffallen*
4 **traquer qc** – *etw verfolgen*
5 **présenter le risque** – *das Risiko darstellen*
6 **être divulgué(e)** – *bekannt gegeben werden*
7 **le/la ravisseur(-euse)** – *Entführer(in)*
8 **prudent(e)** – *vorsichtig*
9 **malin/maligne** – *schlau*
10 **être après qn** – *hinter jdm her sein*

C'est ainsi que je les ai **suivis**[1] pendant un an. De La Corogne à Madrid, de Madrid à Séville. Quand ils ont pris un bateau pour l'Afrique, je les ai perdus pendant presque deux mois. Finalement, j'ai trouvé un **fonctionnaire gouvernemental**[2] heureux d'être payé en échange d'informations. Entre temps, j'avais vendu notre maison sur la côte méditerranéenne et je vivais de l'argent de la vente. Cette information m'a coûté presque la moitié de tout ce que je **possédais**[3], mais j'aurais payé le double si cela m'avait **permis de**[4] retrouver Cathie.

L'Australie. C'est là qu'il l'avait emmenée. Sur un vol pour Rome au départ de la Tunisie, puis de Rome à Bangkok et de Bangkok à Sydney.

Encore une fois, je les ai presque perdus. Pendant un mois, j'ai interrogé les gens dans les hôtels **du coin**[5], je leur ai montré des photos de Cathie et de son ravisseur. **En fin de compte**[6], c'est une femme de chambre dans un petit hôtel proche de l'aéroport qui s'est souvenue de les avoir vus. Elle m'a dit qu'ils étaient restés une nuit avant de retourner à l'aéroport le lendemain matin.

Je suis allé à l'aéroport. Sur Internet, j'ai vérifié les vols qui étaient partis le jour où la femme de chambre avait dit les avoir vus. Pour finir, je suis **parvenu à la conclusion qu'**[7] ils avaient pris **soit** un **vol intérieur**[8] vers une autre partie de l'Australie, **soit**[9] un vol international vers la Nouvelle-Calédonie.

---

1 **suivre qn** – *jdm folgen*
2 **le/la fonctionnaire gouvernemental(e)** – *Regierungsbeamter, -beamtin*
3 **posséder qc** – *etw besitzen*
4 **permettre de faire qc** – *(es) ermöglichen etw zu tun*
5 **du coin** – *in der Umgebung*
6 **en fin de compte** – *schließlich*
7 **parvenir à la conclusion que** – *zu dem Schluss kommen, dass; schlussfolgern, dass*
8 **le vol intérieur** – *Inland(s)flug*
9 **soit... soit...** – *entweder ... oder ...*

Mon instinct m'a **soufflé**[1] que c'était la Nouvelle-Calédonie. J'ai pris le premier vol que j'ai pu. J'étais près du **but**[2]. Je le sentais.

Et me voilà ici. À l'Hôtel du Centre, à Nouméa.

Lorsque j'ai **atterri**[3], je n'ai pas perdu de temps. Je suis allé dans tous les hôtels, j'ai montré des photos de Cathie et de son ravisseur à tout le monde. Personne ne se rappelait avoir vu Cathie, mais une serveuse à l'Hôtel du Centre connaissait son ravisseur.

– M. Fournier, a-t-elle dit. Bien sûr. Il est souvent là. Il ne **séjourne**[4] pas à l'hôtel, mais il vient souvent pour des conférences dans notre Business Center. Je crois que c'est **un genre d'homme d'affaires**[5].

Un genre d'homme d'affaires. Mais quel genre ? Est-il lié au **crime organisé**[6] ou à la mafia ? Son type d'affaires concerne-t-il l'**enlèvement**[7] de femmes ?

Je ne sais pas, mais je vais le découvrir.

Le serveur pose une troisième tasse de café devant moi puis, alors qu'il allait s'éloigner, il dit :

– Le voilà. M. Fournier. Vous avez dit que vous le cherchiez.

Mon corps **se raidit**[8], mais je tourne lentement la tête.

– Ah oui, dis-je, **en ayant du mal à en croire mes yeux**[9].

C'est lui. J'en suis sûr. Il est grand, il a la même chevelure grise et la même barbe que sur la photo. Il a l'air **détendu**[10], normal même. Si je ne **me trompe**[11] pas, cela fait presque trois mois qu'il est à Nouméa. Sait-il que je suis encore sur ses traces ?

---

1 **souffler à qn** – *hier: jdm einflüstern*
2 **le but** – *Ziel*
3 **atterrir** – *landen*
4 **séjourner** – *sich aufhalten*
5 **un genre d'homme d'affaires** – *eine Art Geschäftsmann*
6 **le crime organisé** – *das organisierte Verbrechen*
7 **l'enlèvement (m)** – *Entführung*
8 **se raidir** – *sich anspannen, sich verkrampfen*
9 **avoir du mal à en croire ses yeux** – *seinen Augen kaum trauen können*
10 **détendu(e)** – *entspannt*
11 **se tromper** – *sich irren*

Je **marmonne**[1] un merci au serveur, laisse tomber mille cinq cents **francs Pacifique**[2] sur le **comptoir**[3] et prends mon carnet.

Puis je me mets à le suivre, l'homme qui se fait appeler Fournier. Au bout d'un moment, nous arrivons dans le centre de Nouméa. C'est le printemps ici et l'air du soir **est empli du**[4] parfum des fleurs locales et du goût salé de l'océan tout proche.

Je marche lentement, mais je **garde** toujours Fournier **dans ma ligne de mire**[5]. Nous arrivons à un arrêt de bus et je le vois acheter un ticket à la machine, puis sortir un journal et se mettre à lire. Il y a plusieurs personnes qui attendent, elles aussi, à l'arrêt.

J'achète à mon tour un ticket, en faisant attention de ne pas tourner mon visage vers Fournier. Lorsque le bus arrive, je regarde le vieil homme monter à l'avant et je prends rapidement place à l'arrière, hors de sa vue.

Tandis que le bus se remet en route, je sens mon cœur **battre**[6] de plus en plus vite. Je m'imagine aller vers l'avant du bus et placer mes mains autour du cou de Fournier. Si je le tuais, ce serait un **crime passionnel**[7]. La police comprendrait enfin. Cathie me serait rendue. Elle expliquerait tout à tout le monde. Je serais peut-être envoyé en prison, mais pour une courte période seulement. Les gens comprendraient que j'étais **fou de haine**[8] à cause de ce que l'on m'avait **infligé**[9], ce que l'on *nous* avait infligé.

Devant moi, les gens ont la tête tournée vers l'océan. Par moments, Fournier aussi tourne la tête pour observer l'infinie

---

1 **marmonner qc** - *etw murmeln, etw brummeln*
2 **le franc Pacifique** - *Währung in Neukaledonien*
3 **le comptoir** - *Theke*
4 **être empli(e) de qc** - *von etw erfüllt sein*
5 **garder qn dans sa ligne de mire** - *jdn im Visier behalten*
6 **battre** - *schlagen*
7 **le crime passionnel** - *Verbrechen aus Leidenschaft*
8 **fou/folle de haine** - *blind vor Hass*
9 **infliger à qn** - *jdm antun*

étendue¹ bleue sur notre droite, mais je **dissimule²** à chaque fois mon visage.

Fournier reste dans le bus jusqu'au **terminus³**. Quand le bus s'arrête devant le parc du Ouen Toro, tous les passagers encore à bord descendent. La plupart d'entre eux prennent à droite sur le **sentier⁴** du Ouen Toro, mais Fournier, lui, prend la **direction opposée⁵** et se dirige vers un autre sentier, plus calme. Nous sommes entourés de grands arbres exotiques et rapidement, le soleil disparaît derrière les feuilles. Il fait alors beaucoup plus sombre.

Je **suis conscient du⁶** fait que, pour la première fois, je suis enfin seul avec l'homme qui m'a enlevé Cathie.

Je **plonge⁷** la main dans ma poche et sors le petit couteau que j'ai acheté dans un **magasin d'occasion⁸** il y a deux jours. La **lame⁹** est courte mais **aiguisée¹⁰**. Je pense encore une fois à ce que je **m'apprête à¹¹** faire. Tout ce que je veux, c'est Cathie, mais si je dois faire du mal à cet homme pour la revoir, je le ferai. Ce ne sera rien d'autre qu'un crime passionnel.

– C'est vous, n'est-ce pas ? dit soudain une voix.

Je **m'arrête net¹²**. Sur le sentier devant moi, Fournier **s'est immobilisé¹³**. Il ne s'est pas retourné, mais je sais que c'est lui qui a parlé.

Lentement, il se retourne et je vois son visage. **Ce n'est pas ce à quoi¹⁴** je m'attendais. Je sais que cet homme est mauvais,

---

1. **l'étendue (f)** – *hier: Fläche*
2. **dissimuler qc** – *etw verbergen*
3. **le terminus** – *Endstation*
4. **le sentier** – *Pfad*
5. **la direction opposée** – *Gegenrichtung*
6. **être conscient(e) de qc** – *sich etw bewusst sein*
7. **plonger qc dans qc** – *hier: etw in etw stecken*
8. **le magasin d'occasion** – *Secondhandladen*
9. **la lame** – *Klinge*
10. **aiguisé(e)** – *scharf*
11. **s'apprêter à faire qc** – *im Begriff sein etw zu tun*
12. **s'arrêter net** – *abrupt stoppen*
13. **s'immobiliser** – *hier: stehen bleiben*
14. **ce n'est pas ce à quoi...** – *das ist nicht das, was...*

mais tout ce que je vois dans ses yeux, c'est de la peur et de la **détermination**[1].

Je demande :

– Où est-elle ?

Ses yeux descendent vers ma main.

– Vous pouvez me faire ce que vous voulez, dit-il. Mais vous ne la reverrez jamais.

Il parle fort et je me rends compte qu'il y a une **clairière**[2] un peu plus loin sur le sentier. Il semble y avoir des bancs là-bas, et plusieurs personnes y sont assises et **contemplent**[3] le coucher du soleil. Au son de sa voix, quelques personnes tournent la tête.

Est-ce… ? Je vois un visage **familier**[4]. Des boucles blondes familières.

Mais Fournier s'avance déjà vers moi, et je n'ai pas le temps d'appeler Cathie que je sens un **poing**[5] s'écraser sur mon visage.

– Jamais ! crie-t-il.

Quelqu'un pousse un cri dans la clairière, mais je l'entends à peine. Fournier me **frappe**[6] une deuxième fois, puis une troisième.

– Jamais ! crie-t-il encore une fois. Vous ne la reverrez jamais. Vous ne la…

Je lève la main. Je veux juste qu'il arrête de me frapper, mais j'oublie le couteau. Il l'**atteint**[7] à la gorge et je vois les yeux de Fournier **s'exorbiter**[8].

– Jamais… dit-il une dernière fois. Vous ne lui ferez… plus jamais… de mal.

---

1 **la détermination** – *Entschlossenheit*
2 **la clairière** – *Lichtung*
3 **contempler qc** – *etw betrachten, etw bewundern*
4 **familier(-ière)** – *vertraut*
5 **le poing** – *Faust*
6 **frapper qn** – *jdn schlagen*
7 **atteindre** – *erwischen, treffen*
8 **s'exorbiter** – *hervorquellen*

Son sang chaud et **visqueux**¹ coule sur ma main. Je fixe ses yeux d'un brun profond. Et je sais qui il est. Je sais tout.

Quelqu'un continue de crier. C'est elle. C'est Cathie.

Je me tourne vers elle. Je veux lui expliquer, mais aucun **son**² ne sort de ma bouche. Le corps de son père **s'effondre**³ par terre.

Je ne l'avais encore jamais rencontré, mais elle m'avait souvent parlé de lui. Son père, l'homme d'affaires. Ils n'étaient pas très proches, mais il l'avait contactée deux ou trois fois pour lui dire que, si un jour elle avait besoin de **quoi que ce soit**⁴, il serait là pour elle.

Mais de quoi Cathie pouvait-elle avoir eu besoin ? Notre vie commune avait été parfaite.

D'accord, par moments, j'avais eu l'impression de ne pas la comprendre. Parfois, elle m'avait même agacé. Mais quand je lui criais après, c'était **pour son bien**⁵. Tout ce que j'avais fait, je l'avais fait pour son bien. Lorsque je la frappais, c'était pour son bien. Lorsque je lui **entaillais la peau**⁶, c'était pour son bien. Lorsque je prenais le **fer à repasser**⁷ et la brûlais avec, c'était pour son bien. **Franchement**⁸, de quoi Cathie pouvait-elle avoir eu besoin ?

---

1 **visqueux(-euse)** – *dickflüssig*
2 **le son** – *Laut; Geräusch*
3 **s'effondrer** – *zusammenbrechen*
4 **quoi que ce soit** – *irgendetwas*
5 **pour son bien** – *zu ihrem/seinem Besten*
6 **entailler la peau à qn** – *jdm eine Schnittwunde zufügen*
7 **le fer à repasser** – *Bügeleisen*
8 **franchement** – *mal ehrlich, also wirklich*

Es gibt auf der ganzen Welt verteilt noch etliche sogenannte französische Überseegebiete mit Französisch als Amtssprache, darunter auch Neukaledonien, im Südpazifik. **Nouméa,** die Hauptstadt dieser Inselgruppe, liegt auf einer stark zerklüfteten Halbinsel im südwestlichen Teil der neukaledonischen Hauptinsel *Grande Terre*. Hauptsächlich vom türkisblauen Meer umgeben, bietet Nouméa zahlreiche traumhafte Strände und Aussichtspunkte. Im Süden der Halbinsel befindet sich der *Ouen Toro*, ein Hügel, der der Mittelpunkt des gleichnamigen Parks ist. Der Park, der hauptsächlich aus Wald besteht, wurde 2019 durch Brandstiftung stark zerstört. Der typische trockene Wald Neukaledoniens, der auch den *Ouen Toro* bedeckt, ist in seinem Bestand bedroht. Bislang bietet er aber noch ein gutes Versteck für all diejenigen, die nichts Gutes im Schilde führen.

5. RECETTE POUR TUER

Ce soir, il fait plus chaud que **d'habitude**[1] dans la petite cuisine bruyante, à l'arrière du Bistro de Rose. Les derniers rayons du soleil d'été marseillais **s'ajoutent**[2] encore à la chaleur des **fourneaux**[3] et l'**on se croirait**[4] presque dans un sauna.

En temps normal[5], Thierry Théron, le chef cuisinier, déteste la chaleur. Mais pas ce soir.

– J'ai besoin d'air, crie-t-il à son **sous-chef**[6], Max. **Surveille**[7] la sauce, ne la laisse pas brûler.

– Oui, chef, répond le sous-chef, un homme plus grand et plus jeune que Thierry. Mais on a beaucoup à faire ici, **ne soyez pas trop long**[8] !

Thierry pousse la **porte du fond**[9] et sort dans l'air frais de l'allée, derrière **la Canebière**[10].

– Ne soyez pas trop long, se dit-il à lui-même, énervé. **Il se prend pour qui, celui-là**[11] ?

Il sort un paquet de cigarettes de sa poche, en prend une et l'allume.

Cela fait huit ans que Thierry est chef au Bistro de Rose. Mais la plupart des gens semblent oublier qu'il est aussi le

---

1 **d'habitude** – *gewöhnlich*
2 **s'ajouter** – *hinzukommen*
3 **le fourneau** – *Küchenherd*
4 **On se croirait...** – *Man könnte meinen, man wäre ...*
5 **en temps normal** – *normalerweise, zu normalen Zeiten*
6 **le/la sous-chef** – *stellvertretende(r) Küchenchef(in), Souschef(in)*
7 **surveiller qc** – *hier: auf etw aufpassen*
8 **Ne soyez pas trop long !** – *Bleiben Sie nicht zu lange weg!*
9 **la porte du fond** – *Hintertür*
10 **la Canebière** – *Straße in Marseille*
11 **Il se prend pour qui, celui-là ?** – *Für wen hält er sich nur?*

propriétaire du restaurant. **Certes**[1], c'est le nom de sa femme qui est sur l'**enseigne**[2], et ok, ce sont ses parents à elle qui lui ont donné l'argent pour acheter le local. Mais qui est-ce qui travaille dix heures par jour, tous les jours de toutes les semaines ? Qui est-ce qui **sue sang et eau**[3] et **se démène**[4] pour maintenir le restaurant ouvert ? Rose ? **Mais bien sûr**[5] ! Tout ce qu'elle fait, c'est manger les plats qu'il prépare et dépenser l'argent qu'il gagne. Les parents de Rose ? Tout ce qu'ils font, c'est **se plaindre**[6] que le restaurant ne rapporte pas assez d'argent alors qu'ils **débarquent**[7] avec leurs amis trois fois par semaine et boivent autant de vin que possible gratuitement.

– Ils te **prennent pour un idiot**[8], Thierry, dit-il en sortant un **torchon**[9] de son **tablier**[10] pour **éponger la sueur**[11] de son **crâne chauve**.[12] Ils croient qu'ils peuvent te **marcher sur les pieds**[13].

Eh bien, plus maintenant, se dit-il, et un léger sourire apparaît sur son visage tout rouge.

Oui, ce soir, Thierry apprécie la chaleur. Il apprécie que tout le monde à Marseille **transpire**[14]. Il l'apprécie parce que comme ça, personne ne remarque **à quel point**[15] il est nerveux.

– C'est **le grand soir**[16], Thierry, se dit-il à lui-même. Tout est prêt. C'est ce soir ou jamais.

---

1 **certes** – *gewiss, sicher*
2 **l'enseigne (f)** – *hier: Restaurantschild*
3 **suer sang et eau** – *sich abrackern, Blut und Wasser schwitzen*
4 **se démener** – *hier: sich abmühen*
5 **Mais bien sûr !** *(ugs.)* – *Ja klar!, Aber sicher doch!*
6 **se plaindre** – *sich beschweren*
7 **débarquer** *(ugs.)* – *hier: aufkreuzen*
8 **prendre qn pour un(e) idiot(e)** – *jdn für dumm verkaufen*
9 **le torchon** – *Geschirrtuch*
10 **le tablier** – *Schürze*
11 **éponger la sueur** – *den Schweiß abwischen*
12 **le crâne chauve** – *Glatzkopf, Glatze*
13 **marcher sur les pieds de qn** *(ugs.)* – *jdn ausnutzen, jdm auf der Nase herumtanzen*
14 **transpirer** – *schwitzen*
15 **à quel point** – *wie (sehr)*
16 **le grand soir** – *hier: der (betont) Abend*

Il retourne vers la porte et l'**entrouvre**[1] juste assez pour voir ce qui se passe dans la cuisine.

Max crie ses **ordres**[2] au personnel de cuisine comme s'il était chez lui. Les serveurs et les serveuses sont **débordés**[3], ils n'ont le temps de penser à rien d'autre qu'à quelle assiette doit aller sur quelle table.

Et dans la salle de restaurant, à la meilleure table, Rose et ses parents attendent leur plat principal.

– Chef ? crie Max. Nous avons besoin d'aide par ici.

Thierry laisse tomber sa cigarette, ouvre la porte et essaye de paraître calme. Il déteste Max autant qu'il déteste Rose et ses parents.

– Ok, Max. On en est où ?

– On est prêts pour la table de Rose.

– Parfait. Trois steaks et **tout le tintouin**[4]. La viande est presque prête. Tu as fini les champignons ? Tu sais qu'ils ne les aiment pas trop cuits.

Thierry est si nerveux qu'il en rit presque, mais Max ne **s'en rend** pas **compte**[5].

Ça y est[6]. Si le sous-chef regarde d'un peu trop près ces horribles petits champignons, il **risque de**[7] s'apercevoir que quelque chose n'est pas normal.

– Allez, Max. Mets-les dans la **poêle**[8].

Une expression énervée apparaît sur le visage du sous-chef, mais il ne dit rien. Sans un mot, il **fait glisser**[9] les champignons dans l'huile brûlante.

---

1 **entrouvrir qc** – *etw ein wenig öffnen*
2 **l'ordre (m)** – *Befehl*
3 **débordé(e)** – *hier: überlastet*
4 **tout le tintouin** *(ugs.)* – *all der Rest; alles, was dazu gehört*
5 **se rendre compte de qc** – *etw merken*
6 **Ça y est.** – *hier: Das war's.*
7 **risquer de faire qc** – *etw tun können*
8 **la poêle** – *Pfanne*
9 **faire glisser qc** – *hier: etw schieben*

Oui, c'est ça, Max. Fais cuire les champignons. C'est toujours toi qui fais cuire les champignons, et tout le monde le sait.

– Deux minutes, dit Max.

Deux minutes. Cela peut-il vraiment être aussi facile ?

Pour la première fois depuis des mois, Thierry pense sincèrement que son plan a des chances de **marcher**[1].

Bien sûr qu'il va marcher. Son plan est parfait.

Thierry se souvient du jour où il a eu cette idée pour la première fois. Rose était dans la cuisine, en train de parler à Max. Elle lui souriait de ce sourire que Thierry déteste. Elle disait que Max devrait avoir plus de **responsabilités**[2] au restaurant. Que Thierry travaillait trop, que Max pourrait prendre le rôle du chef cuisinier quelques soirs par semaine et que, peut-être, ça pourrait être lui qui choisirait les **ingrédients**[3] au marché.

C'est **marrant**[4], c'est aussi ce jour-là que Thierry a pensé pour la première fois que Rose et Max **avaient une liaison**[5]. Après cela, il les a souvent vus parler et échanger des sourires. À chaque fois que Thierry entrait dans la pièce, ils s'arrêtaient et le regardaient avec un air **coupable**[6] et le regard nerveux.

– Une minute ! crie Max, **tirant** Thierry **de ses souvenirs**[7].

Il prend trois assiettes et les pose sur le **comptoir**[8] en face de lui. Puis il ouvre le four, en sort les steaks parfaitement cuits et les pose sur les assiettes pour qu'ils **refroidissent**[9].

Oui, ça y est. Après trois mois à y réfléchir, ça y est.

La seule difficulté a été de remplacer les champignons normaux, ceux que Max avait acheté au marché, par les champignons extrêmement **vénéneux**[10] que Thierry **s'**était

---

1 **marcher** – *hier: funktionieren, klappen*
2 **la responsabilité** – *Verantwortung*
3 **l'ingrédient (m)** – *Zutat*
4 **marrant(e)** – *hier: komisch*
5 **avoir une liaison** – *eine Affäre haben, fremdgehen*
6 **coupable** – *schuldig*
7 **tirer qn de ses souvenirs** – *jdn aus seinen Erinnerungen reißen*
8 **le comptoir** – *Theke*
9 **refroidir** – *abkühlen*
10 **vénéneux(-euse)** – *giftig*

procuré[1] dans cette horrible petite boutique à l'autre bout de la ville. Des **calices de la mort**[2]. Quel nom fantastique, se dit Thierry.

– C'est prêt, chef, dit Max en apportant les champignons et autres légumes vers le comptoir et en les déposant délicatement sur les assiettes.

La police va poser beaucoup de questions dans les semaines qui viennent, c'est sûr, se dit Thierry. Mais le plan est si simple que personne ne pourra jamais **prouver**[3] que je **suis impliqué**[4].

C'est Max qui achète les champignons. C'est Max qui cuisine les champignons. C'est Max qui sert les champignons.

Bien sûr, Thierry devra probablement fermer le restaurant, mais **qu'importe**[5]. Quand Rose et ses horribles parents seront morts, tout leur argent lui **reviendra**[6].

Parfait.

– Table cinq ! crie Max, et une serveuse **accourt**[7] dans la cuisine et prend les assiettes.

Tandis qu'il la regarde sortir de la cuisine, Thierry **laisse** enfin **échapper**[8] un rire.

– Qu'est-ce qui vous fait rire, chef ? demande Max.

Thierry se tourne vers l'autre homme et sourit.

– Oh rien, rien. J'ai juste pensé à quelque chose de drôle.

Et il ajoute pour lui-même : à toi, **condamné**[9] à passer le reste de ta vie en prison.

Le sous-chef le regarde un instant, puis retourne aux pâtes qu'il est en train de cuisiner.

Se sentant tout à coup plus heureux qu'il ne l'a été depuis longtemps, Thierry ouvre une bouteille de cognac qu'il garde

---

1 **se procurer qc** – *sich etw beschaffen*
2 **le calice de la mort** – *grüner Knollenblätterpilz (wörtlich „Kelch des Todes")*
3 **prouver** – *beweisen*
4 **être impliqué(e)** – *beteiligt sein, mit drinstecken*
5 **qu'importe** – *was soll's; es spielt doch keine Rolle*
6 **revenir à qn** – *hier: jdm zufallen*
7 **accourir** – *herbeieilen*
8 **laisser échapper qc** – *hier: sich etw nicht verkneifen können*
9 **condamné(e)** – *verurteilt*

dans la cuisine pour certaines recettes, **se sert**[1] un verre et boit une **gorgée**[2].

– Chef, dit la serveuse quelques minutes plus tard. Votre femme et ses parents veulent vous voir.

– Quoi ? demande Thierry, le verre de cognac toujours à la main.

– Ils disent que **ça ne prendra qu'une minute**[3].

– Allez-y, chef. Je peux **me débrouiller**[4] seul un moment, dit Max.

Tout à coup, le chef cuisinier du Bistro de Rose n'a plus si chaud. Au contraire, tout son corps **a la chair de poule**[5]. Il regarde la serveuse, puis Max. Ils ont tous les deux une expression étrange, comme s'ils savaient quelque chose que Thierry ne sait pas.

Mon Dieu. **Sont**-ils **au courant**[6] pour les champignons ? Pour le plan ?

La cuisine semble très calme maintenant. La salle de restaurant aussi. Thierry a l'impression que tout le personnel le regarde **du coin de l'œil**[7].

– Allez-y, chef, répète Max. Vous savez que Rose n'aime pas quand on la fait attendre.

Lentement, Thierry Théron traverse la cuisine et pousse la porte de la salle de restaurant.

– Surprise ! crient **une centaine**[8] de voix **familières**[9].

– Qu… quoi ? réussit finalement à dire Thierry, en regardant tous ces gens qui lui sourient.

---

1 **se servir qc** – *hier: sich etw einschenken*
2 **la gorgée** – *Schluck*
3 **Ça ne prendra qu'une minute.** – *Es wird nur eine Minute dauern.*
4 **se débrouiller** – *zurechtkommen*
5 **avoir la chair de poule** – *eine Gänsehaut haben*
6 **être au courant** – *Bescheid wissen*
7 **du coin de l'œil** – *aus den Augenwinkeln (heraus)*
8 **une centaine** – *etwa hundert*
9 **familier(-ière)** – *vertraut*

Max **se tient**[1] derrière lui et le pousse doucement vers la table où Rose et ses parents l'attendent.

– Joyeux anniversaire, mon chéri, dit Rose en le **prenant dans ses bras**[2].

Elle pose un **baiser**[3] sur la joue froide de Thierry.

– Anniversaire ?

– Oui. Tu ne te souviens pas ? Cela fait exactement huit ans que nous avons ouvert le restaurant.

Puis le père de Rose s'approche, un large sourire aux lèvres.

– Beau travail, Thierry. Nous savons tous que nous ne le disons pas assez, c'est pour ça que nous voulions organiser cette petite fête pour toi.

Thierry se retourne, réalisant soudain qu'il reconnaît absolument toutes les personnes présentes dans la pièce.

– Max m'a aidé à tout préparer, continue Rose. N'est-ce pas **adorable**[4] de sa part ? Et **devine quoi**[5] ! Demain, nous partons en vacances : une **croisière**[6] de trois mois. J'ai **économisé**[7] un peu d'argent tous les mois ces dernières années.

– Toi et Max ? Tu veux dire… ? Une croisière ?

– Et ce n'est pas tout, dit le père de Rose. Oublions le reste de l'argent que tu nous **dois**[8]. Je vais envoyer les **papiers**[9] à mon **notaire**[10] demain. Quand tu reviendras de vacances, le restaurant sera à toi !

– Vraiment ? Je ne peux pas le croire. Je ne sais pas quoi dire…

– Oh, tu n'as rien besoin de dire, dit la mère de Rose, encore assise à table en train de manger. Continue simplement de cuisiner de délicieux plats comme celui-ci. Je ne connais pas ta

---

1 **se tenir** – *stehen*
2 **prendre qn dans ses bras** – *jdn umarmen, jdn in den Arm nehmen*
3 **le baiser** – *Kuss*
4 **adorable** – *hier: sehr nett*
5 **Devine quoi !** – *Rate mal!*
6 **la croisière** – *Kreuzfahrt*
7 **économiser qc** – *etw sparen*
8 **devoir qc à qn** – *jdm etw schulden*
9 **les papiers (m Pl)** – *hier: Dokumente, Papiere*
10 **le/la notaire** – *Notar(in)*

recette, mais ces champignons sont excellents aujourd'hui. Ce restaurant va devenir célèbre ! Très célèbre !

Lorsque Thierry Théron regarde les assiettes vides sur la table de Rose, **il ne peut s'empêcher de**[1] rire.

Mais c'est un rire horrible, **désespéré**[2].

– Oui, dit-il. Oh oui, je pense qu'il va le devenir.

Die **Canebière** ist eine etwa ein Kilometer lange Straße im Zentrum der berühmten Hafenstadt **Marseille**. Obwohl die englischsprachigen Seeleute die Straße gerne „can-o-beer" (Bierdose) nennen, kommt der Name eigentlich aus der provenzalischen Sprache und bedeutet „Hanffeld": Marseille war früher einer der größten Umschlagplätze für Hanf. Heutzutage ist es ein Muss für jeden, der nach Marseille kommt, die *Canebière* zu sehen. Sie hat eine lange Geschichte und existiert schon seit dem 17. Jahrhundert. Dank der vielen Bäume, Restaurants und Gemüsemärkte war und ist sie bis heute eine beliebte Flaniermeile. In früheren Zeiten befanden sich dort jedoch auch der Pranger und später dann die Guillotine. Ist das womöglich ein Zeichen dafür, dass auch der Tod zum Wesen dieser äußerst lebendigen Straße gehört?

---

1 **ne (pas) pouvoir s'empêcher de faire qc** – *nicht umhinkönnen etw zu tun*
2 **désespéré(e)** – *verzweifelt*

6. LA BAIE DES TRÉPASSÉS

L'homme assis sur un **tabouret de bar**[1] devant le **comptoir**[2] pose son stylo, **saisit**[3] son verre à moitié vide et prend une longue **gorgée**[4] de **cidre**[5] bien froid.

C'est un jeune homme de petite taille, aux cheveux bruns **clairsemés**[6]. Il a les yeux gris, le regard sérieux et un air nerveux et mécontent.

Devant lui, sur le comptoir, il y a un **carnet**[7] à la **couverture**[8] de cuir foncée et aux pages recouvertes d'**une écriture peu soignée**[9].

De temps à autre, le jeune homme pose son verre et écrit quelque chose dans son carnet. Puis, en **jurant tout bas**[10], il **barre**[11] ce qu'il vient d'écrire.

Au bout d'un moment, il jette le stylo sur son carnet et regarde autour de lui.

Ce soir, il y a très peu de gens dans la **brasserie**[12] du **Relais**[13] de la Pointe du Van, **au fin fond de la Bretagne**[14].

---

1 **le tabouret de bar** – *Barhocker*
2 **le comptoir** – *Theke*
3 **saisir qc** – *nach etw greifen*
4 **la gorgée** – *Schluck*
5 **le cidre** – *Cidre, Apfelschaumwein*
6 **clairsemé(e)** – *spärlich*
7 **le carnet** – *Notizbuch, Heft*
8 **la couverture** – *hier: Umschlag, Deckel*
9 **l'écriture (f) peu soignée** – *schlampige Schrift*
10 **jurer tout bas** – *leise fluchen*
11 **barrer qc** – *hier: etw durchstreichen*
12 **la brasserie** – *hier: Café-Restaurant*
13 **le relais** – *hier: Gasthof*
14 **au fin fond de la Bretagne** – *im hintersten Winkel der Bretagne*

Un jeune couple est assis à une table dans un coin. Ils portent des vêtements de plage et ont l'air **insouciant**[1]. Ils tiennent leurs visages bronzés proches l'un de l'autre.

À une autre table, trois hommes d'**une cinquantaine**[2] d'années jouent aux **dés**[3] et crient en direction du match de foot à la télévision.

À part cela, il n'y a que quelques **individus**[4] qui, comme l'homme au comptoir, semblent **se satisfaire d'**[5] être assis seuls et de **savourer**[6] leur boisson.

Le jeune homme se tourne de nouveau vers le comptoir et **tapote**[7] des doigts son verre vide.

– Je vous **ressers**[8] ? demande une grosse femme à l'autre bout du comptoir.

L'homme, qui s'appelle Édouard, **hoche la tête**[9].

La grosse femme sourit, descend de son tabouret et **contourne**[10] le comptoir.

– Vous n'êtes pas très **bavard**[11], hein ? dit la femme. Ça fait une semaine que vous venez tous les soirs et je ne me rappelle pas vous avoir entendu prononcer plus de dix mots. **Qu'est-ce qui ne tourne pas rond chez vous ?**[12]

– Rien à dire, répond Édouard.

Le sourire de la femme disparaît.

– Ah oui ? Eh bien **certains**[13] ici diraient que ce n'est pas très aimable.

---

1 **insouciant(e)** – *sorglos*
2 **une cinquantaine** – *etwa fünfzig*
3 **le dé** – *Würfel*
4 **l'individu (m)** – *Person, Gestalt*
5 **se satisfaire de qc** – *sich mit etw begnügen*
6 **savourer qc** – *etw genießen*
7 **tapoter** – *tippen*
8 **resservir qn** – *jdm noch einmal einschenken*
9 **hocher la tête** – *nicken*
10 **contourner qc** – *um etw herumgehen*
11 **bavard(e)** – *redselig*
12 **Qu'est-ce qui ne tourne pas rond chez vous ?** *(ugs.)* – *Was stimmt nicht mit Ihnen?*
13 **certain(e)** – *manche(r, s)*

Édouard **hausse les épaules**[1].

– Ouais, mais je ne suis pas d'ici.

La femme éclate de rire.

– Ça, je le sais bien. Vous êtes belge, non ?

Édouard fait oui de la tête, **conscient**[2] que plusieurs personnes dans le bar écoutent désormais la conversation.

– Oui, de Charleroi.

La femme hausse les épaules.

– Ce n'est pas grave. On n'a rien contre **nos amis belges**[3] ici.

Plusieurs personnes dans la salle rient, puis **retournent à**[4] la télévision ou à leurs pensées.

– En vacances ? demande la femme en donnant à Édouard un nouveau verre de cidre.

– Pas vraiment. Je suis **écrivain**[5]. Je suis ici pour faire… des recherches.

La femme sourit de nouveau.

– Des recherches ? Assis au bar avec un verre de cidre ? Pour moi, on dirait des vacances.

Édouard ne répond pas mais lui **tend**[6] cinq euros.

La femme rit, puis retourne sur son tabouret, à l'autre bout du comptoir.

Contrarié[7], Édouard prend une longue gorgée de cidre et **se penche**[8] de nouveau sur son carnet, son stylo à la main.

– Un écrivain belge à la **baie des Trépassés**[9] ? dit une voix à côté de lui.

---

1 **hausser les épaules** – *mit den Schultern zucken*
2 **conscient(e)** – *bewusst*
3 **nos amis belges** – *unsere belgischen Freunde (ironischer Spitzname für die Belgier)*
4 **retourner à qc** – *hier: sich wieder auf etw konzentrieren*
5 **écrivain(e)** – *Schriftsteller(in)*
6 **tendre qc à qn** – *jdm etw reichen*
7 **contrarié(e)** – *verärgert*
8 **se pencher** – *hier: sich nach vorn beugen*
9 **la baie des Trépassés** – *Bucht der Verstorbenen*

Un homme grand, la cinquantaine, le visage **tanné**[1], se tient debout à côté de son tabouret.

– Ce n'est pas quelque chose que l'on voit tous les jours, dit-il en souriant et en tendant la main à Édouard. Je m'appelle Claude. Enchanté.

Pendant quelques secondes, Édouard ne bouge pas. La dernière chose dont il a besoin, c'est de plus de **distractions**[2] dans son travail. Puis, il prend la main de l'homme et la **serre**[3].

– Édouard, **marmonne**[4]-t-il.

Il espère que cela **suffira à**[5] faire partir l'homme.

– Édouard ? Édouard comment ? Vous avez écrit quelque chose que je pourrais connaître ?

– Probablement pas, dit Édouard en reprenant son stylo.

L'homme **tire**[6] un tabouret et s'assoit.

– Ah non ? Et vous écrivez quel genre ?

Édouard **soupire bruyamment**[7] et pose son stylo.

– Des romans policiers.

L'homme **siffle**[8] et un large sourire apparaît sur son visage.

– Vraiment ? J'aime bien les bons **polars**[9]. **Tiens**[10], Lise, apporte-nous encore un cidre, à Édouard et à moi, crie-t-il à la femme assise au comptoir.

– J'ai déjà un verre, merci.

– Ok. Deux verres de **lambig**[11], alors.

Claude sourit et Édouard remarque qu'il a trois dents en or sur le devant.

– Je n'ai vraiment pas le temps. Je dois écrire.

---

1 **tanné(e)** – *wettergegerbt*
2 **la distraction** – *Ablenkung*
3 **serrer qc** – *hier: etw schütteln*
4 **marmonner** – *murmeln*
5 **suffire à faire qc** – *reichen etw zu tun, genug sein etw zu tun*
6 **tirer qc** – *hier: etw herziehen*
7 **soupirer bruyamment** – *laut seufzen*
8 **siffler** – *pfeifen*
9 **le polar** *(ugs.)* – *Krimi*
10 **tiens** – *hier: he da, hier*
11 **le lambig** – *bretonische Spirituose aus Cidre hergestellt*

– Ah oui ? C'est votre nouveau roman alors ? demande Claude en montrant le carnet du doigt. **On dirait que**[1] vous **séchez**[2] un peu.

La dame du bar, Lise, dépose deux verres de lambig devant eux.

– **Laisse**-le **tranquille**[3], Claude. Il essaye de travailler, dit-elle avant de **s'éloigner**[4].

– Peut-être que je peux vous aider. C'est quoi, le problème ? Vous avez besoin d'idées pour tuer quelqu'un ?

L'homme **sourit** de nouveau **de toutes ses dents**[5] en or.

Édouard **secoue la tête**[6].

– Ça, c'est toujours le plus facile.

Claude sourit.

– Ouais, je veux bien le croire. Alors peut-être que vous ne savez pas quoi faire du corps.

Édouard est un peu surpris, mais il essaye de ne pas le montrer.

– Pour être **honnête**[7], oui. C'est exactement ça le problème.

– Ah ! Ça dépend du lieu où vous tuez votre victime, dit Claude en riant. Tuez-la dans le désert, et vous l'**enterrerez**[8]. Tuez-la en ville, c'est plus compliqué. Vous devrez découper le corps ou le **dissoudre dans de l'acide**[9]. Où se passe votre roman ?

D'habitude, Édouard n'aime pas parler de ce qu'il écrit, mais le cidre l'a détendu et il se dit que cela pourrait être intéressant d'avoir l'opinion d'un **habitant du coin**[10].

– Eh bien, il se passe dans une petite baie de Bretagne.

---

1 **On dirait que...** – *Es sieht ganz so aus, als ob ...*
2 **sécher** (ugs.) – *hier: die Ideen ausgehen*
3 **laisser qn tranquille** – *jdn in Ruhe lassen*
4 **s'éloigner** – *weggehen*
5 **sourire de toutes ses dents** – *breit lächeln*
6 **secouer la tête** – *den Kopf schütteln*
7 **honnête** – *ehrlich*
8 **enterrer qn** – *jdn begraben*
9 **dissoudre qc dans de l'acide** – *etw in Säure auflösen*
10 **l'habitant(e) du coin** – *Einheimische(r)*

– Quoi ? Vraiment ? Comme la baie des Trépassés ? dit Claude en riant de nouveau. Dans ce cas, vous n'avez aucun problème !

– Qu'est-ce que vous voulez dire ?

– Regardez dehors, Édouard. Qu'est-ce que vous voyez ?

Édouard regarde par la fenêtre à l'autre bout de la salle de restaurant. Dehors, le soleil disparaît lentement dans l'**immensité**[1] de l'océan Atlantique.

Édouard secoue la tête.

– On ne peut pas simplement jeter un corps dans l'océan. Même en lui **fixant des poids**[2], on ne peut pas être sûr que la **marée**[3] ne le ramènera pas sur la côte.

– Oh, mais Édouard, nous sommes dans la baie des Trépassés. Vous ne savez pas ce qui a **rendu** la baie des Trépassés **célèbre**[4] ?

Édouard fait de nouveau non de la tête.

– Alors regardez ça.

L'homme se lève et **soulève**[5] son t-shirt gris. Sur son ventre à la **peau**[6] bronzée, il y a une longue **cicatrice**[7] blanche **en forme de demi-cercle**[8].

– Mon Dieu. Est-ce que c'est… ?

– Une **morsure de requin**[9], Édouard. D'il y a dix ans.

Pour la première fois, Édouard est intéressé par la conversation.

– Il y a des requins par ici ?

Claude se rapproche de l'écrivain et jette un coup d'œil rapide à la salle de restaurant.

---

1 **l'immensité (f)** – *unermessliche Weite*
2 **fixer des poids à qc** – *Gewichte an etw hängen*
3 **la marée** – *Gezeiten, hier: Flut*
4 **rendre qc célèbre** – *etw berühmt machen*
5 **soulever qc** – *etw hochheben*
6 **la peau** – *Haut*
7 **la cicatrice** – *Narbe*
8 **en forme de demi-cercle** – *halbkreisförmig*
9 **la morsure de requin** – *Bisswunde eines Hais*

– Oui, mais parlez doucement. On n'aime pas en parler. Les requins, ce n'est pas bon pour le tourisme.

Édouard hoche la tête et **parle** un peu **plus bas**[1].

– Et ces requins, ils pourraient… ? Je veux dire… ils pourraient **dévorer**[2] un **cadavre**[3] entier ?

Maintenant, le visage de Claude est tout proche, et Édouard sens le cidre et le lambig dans son **haleine**[4].

– Oh oui, Édouard. Si vous savez où aller. Si vous mettez des **appâts**[5] dans l'eau. Si vous vous assurez qu'il y a quatre ou cinq de ces beautés… elles mangeront tout ce que vous leur jetterez.

Un petit sourire apparaît sur le visage d'Édouard.

– Ça pourrait **marcher**[6]. Ce serait parfait. Un meurtre **aux abords**[7] d'une petite ville. Le corps n'est jamais retrouvé parce que le tueur l'a donné à manger aux requins. C'est original. C'est **palpitant**[8].

Claude rit de nouveau et boit une autre gorgée.

– Je vous ai **bien**[9] dit que je pouvais vous aider.

Le sourire d'Édouard disparaît.

– Mais est-ce que ça peut vraiment marcher ? Je veux dire, *vraiment ?* Je veux **que ce soit**[10] parfait.

Claude hoche la tête.

– Bien sûr. **Tenez**[11], je pourrais vous emmener en bateau maintenant et vous montrer l'endroit idéal.

– Vraiment ?

---

1 **parler plus bas** – *leiser sprechen*
2 **dévorer qc** – *etw fressen, etw verschlingen*
3 **le cadavre** – *Leiche*
4 **l'haleine (f)** – *Atem*
5 **l'appât (m)** – *Köder*
6 **marcher** – *hier: funktionieren, klappen*
7 **aux abords** – *in unmittelbarer Nähe*
8 **palpitant(e)** – *aufregend*
9 **bien** – *hier: doch*
10 **que ce soit** *(subjonctif)* – *dass es … ist*
11 **Tenez.** – *Schauen Sie.*

– **Carrément**[1]. Et comme c'est vous, je vous ferais un très bon prix.

– Un bon prix ? Combien ?

Claude **se rassoit**[2] et réfléchit un moment.

– Eh bien, il y a le prix de l'**essence**[3], les appâts dont nous avons besoin pour **attirer**[4] les requins. Et un petit peu d'argent pour mon temps. Je veux dire, il nous faudra peut-être bien une heure pour arriver au bon endroit, et même là, on n'est pas sûrs de voir un requin.

– Combien ? Combien ? L'argent n'est pas important. Je veux juste voir comment faire. Je veux juste que mon histoire soit parfaite.

Claude sourit en entendant autant d'enthousiasme dans la voix de l'autre homme.

– Je dirais que deux cents euros, ce serait un **prix d'ami**[5].

– Deux cents euros ? D'accord. J'**ai ça sur moi**[6].

Et Édouard prend son porte-monnaie et en sort deux cents euros.

Claude **lance un regard cupide**[7] au porte-monnaie et voit beaucoup d'autres billets de cent euros à l'intérieur.

– Super, dit-il avec un sourire encore plus grand.

– Est-ce qu'on peut y aller maintenant ? Tout de suite ?

Claude regarde le **soleil couchant**[8] dehors.

– C'est le moment idéal pour y aller, Édouard. Les requins sont toujours vers la **surface**[9] à cette heure-là.

Édouard ferme son carnet et prend son verre de lambig sur le comptoir.

---

1 **carrément** *(ugs.)* – *hier: unbedingt, absolut, total*
2 **se rassoir** – *sich wieder hinsetzen*
3 **l'essence (f)** – *Benzin*
4 **attirer qc** – *hier: etw anlocken*
5 **le prix d'ami** – *Freundschaftspreis*
6 **avoir qc sur soi** – *etw bei sich haben*
7 **lancer un regard cupide à qc** – *einen gierigen Blick auf etw werfen*
8 **le soleil couchant** – *untergehende Sonne*
9 **la surface** – *Oberfläche*

– **C'est parti.**¹

Claude lève aussi son verre et les deux hommes boivent.

– Allez m'attendre dehors, Édouard. Il faut juste que je paye.

Édouard prend son carnet et se dirige vers la porte.

– C'est génial, dit-il. Merci, Claude. C'est exactement le type de recherches dont j'ai besoin. Cette histoire doit être parfaite. Elle doit être… réelle.

Et avec un grand sourire, le Belge sort de la brasserie.

Le Breton le regarde sortir et s'approche de Lise.

– **Bien joué**², Lise, dit-il doucement. Cet **imbécile**³ a plus d'argent que de **bon sens**⁴.

– Je te l'avais dit, **chuchote**⁵ Lise. Il doit avoir au moins cinq mille euros dans son porte-monnaie. Qu'est-ce que tu vas faire ?

– Je vais voir combien d'argent je peux lui **soutirer**⁶. Je vais lui dire qu'il y a d'autres bons endroits que je peux lui montrer demain. Je vais voir si je peux l'emmener encore une ou deux fois. Je **parie**⁷ que je peux lui soutirer encore trois cents euros.

Lise rit et embrasse son mari sur la bouche.

– Bien joué, Claude. N'oublie pas de me faire un joli cadeau avec l'argent.

– Bien sûr que non, ma chérie, dit le **pêcheur**⁸.

Puis, **tandis que**⁹ Claude sort, le sourire aux lèvres, Lise se tourne vers la télévision. Le match de foot est terminé, les informations commencent.

---

1 **C'est parti.** *(ugs.)* – *Los geht's.*
2 **bien joué** *(ugs.)* – *gut gemacht*
3 **l'imbécile (m/f)** – *Idiot(in)*
4 **le bon sens** – *gesunder Menschenverstand*
5 **chuchoter** – *flüstern*
6 **soutirer qc à qn** – *jdm etw aus der Tasche ziehen*
7 **parier** – *wetten*
8 **le/la pêcheur(-euse)** – *Fischer(in)*
9 **tandis que** – *während*

– Bon, on n'a pas besoin d'écouter ces **conneries[1], hein ?[2]**
Et elle prend la **télécommande[3]** et **baisse le son[4]**.

Les trois hommes à la table retournent à leur jeu de dés, le couple dans le coin continue de se regarder les yeux dans les yeux, et Lise va derrière le comptoir et se sert un grand verre de lambig.

Plus personne ne regarde la télévision.

Et donc, personne ne voit la photo d'un homme de petite taille, aux cheveux bruns clairsemés et aux yeux gris et sérieux. Et personne n'entend la **mise en garde[5]** de la **présentatrice[6]**, le fait que plusieurs **témoins[7]** dans la **pointe[8]** de la Bretagne ont récemment vu passer un criminel extrêmement dangereux.

La présentatrice explique que ce criminel est un tueur en série belge. La police pense qu'il a tué plus de cinq personnes. Complètement **psychotique[9]**, le criminel tue de manières très étranges et est très **doué[10]** pour **se débarrasser des[11]** corps de ses victimes.

Mais personne dans la brasserie n'entend tout cela.

Et dehors, sous la lumière **rougeoyante[12]** du soleil couchant, le moteur d'un petit bateau se met en marche.

Mais personne ne l'entend non plus.

---

1. **les conneries (f Pl)** *(ugs.)* – *Quatsch, Blödsinn*
2. **hein ?** – *hier: oder?*
3. **la télécommande** – *Fernbedienung*
4. **baisser le son** – *leiser machen*
5. **la mise en garde** – *Warnung*
6. **le/la présentateur(-trice)** – *Nachrichtensprecher(in), Moderator(in)*
7. **le témoin** – *Zeuge/Zeugin*
8. **la pointe** – *Landspitze*
9. **psychotique** – *geisteskrank*
10. **doué(e)** – *begabt*
11. **se débarrasser de qc** – *hier: etw loswerden*
12. **rougeoyant(e)** – *rötlich*

> **La baie des Trépassés** ist eine kleine Bucht an der bretonischen Landspitze. Ihren Namen, die „Bucht der Verstorbenen", hat sie bekommen, weil immer wieder Leichen von Schiffbrüchigen an ihren langen Sandstrand angespült wurden. In Wirklichkeit ist die Bucht weniger für ihre Haie als vielmehr für den Wind und die großartigen Wellen bekannt, die sie zu einem Paradies für Surfer machen. Haie gibt es hier aber tatsächlich auch, da sie, entgegen der üblichen Annahme, nicht nur in warmen, tropischen Gewässern vorkommen. Mehr als fünfzig verschiedene Haiarten leben im Atlantik vor den bretonischen Küsten. Die meisten fressen aber eher kleinere Fische oder Plankton und interessieren sich nicht für Menschen, das heißt natürlich nur, solange man sie in Ruhe lässt und das Schicksal nicht herausfordert.

7. LE QUATRIÈME INDICE

On dit qu'au moment de mourir, on voit toute sa vie **défiler devant ses yeux**[1], mais ce n'est pas à ma vie que je pense alors que la **balle**[2] **file**[3] vers mon cœur. C'est à l'affaire. Cette **fichue**[4] affaire.

Est-ce que je l'ai finalement **résolue**[5] ? Ou est-ce que je me suis trompé ?

Les **indices**[6] sont là tous les trois.

Ou peut-être devrais-je dire quatre, car n'y a-t-il pas une dernière **pièce manquante**[7] à ce puzzle ?

Oui, la pièce manquante… c'est elle.

Elle entre dans mon bureau comme chez elle et il n'y a qu'un seul mot pour la décrire : parfaite. Sa robe élégante, ses longs cheveux blonds, ses grands yeux bleus au regard sérieux. Elle est tout simplement parfaite.

Mais parfois, la perfection est **synonyme**[8] de problèmes, je reste donc professionnel. Je la laisse parler. Je la laisse **mettre** toute cette histoire **en marche**[9].

– Monsieur Cabral, j'ai besoin de vos talents d'**enquêteur**[10]. Mon mari **a disparu**[11]. Il faut que vous le retrouviez.

---

1 **défiler devant ses yeux** – *vor den (eigenen) Augen vorbeiziehen*
2 **la balle** – *hier: Kugel*
3 **filer** – *hier: rasen*
4 **fichu(e)** *(ugs.)* – *hier: verflixt*
5 **résoudre qc** – *etw lösen*
6 **l'indice (m)** – *Hinweis*
7 **la pièce manquante** – *fehlendes Stück*
8 **synonyme** – *synonym, gleichbedeutend*
9 **mettre qc en marche** – *etw in Gang setzen*
10 **l'enquêteur(-trice) (m/f)** – *Ermittler(in)*
11 **disparaître** – *verschwinden*

– Je ne suis plus dans la police, dis-je.

– Mais vous êtes bien détective, non ? Détective privé.

– **Tout à fait**[1], dis-je en lui offrant une chaise. Alors, que disent les **flics**[2] au sujet de votre mari ?

– Rien. Ils disent qu'ils ne peuvent rien faire.

– Y a-t-il une autre femme ?

– Peut-être. Vous savez comment sont les hommes, dit-elle, et la manière dont elle me regarde **par-dessus**[3] mon bureau **me fait bouillir le sang dans les veines**[4]. Mais il a quelque chose qui m'appartient. Un vieil **objet de famille**[5]. Je veux le **récupérer**[6].

– Dans ce cas, **divorcez**[7]. Demandez à la **cour**[8] de le récupérer pour vous.

– Je ne peux pas attendre aussi longtemps. Cet objet a une **valeur sentimentale**[9] pour moi.

– De quoi s'agit-il ? De bijoux ? D'or ?

– Non, c'est l'autre moitié de ceci, dit-elle en sortant de son sac une étrange **statuette**[10] en **acajou**[11].

La statuette, en forme de serpent, a la **taille**[12] de ma main.

– Il y a deux statuettes comme celle-ci. Mon mari a la deuxième et je veux la récupérer.

– Est-ce que vous **avez la moindre idée de**[13] l'endroit où il se trouve ?

– Non, mais j'ai ceci.

---

1 **tout à fait** – *genau, richtig*
2 **le/la flic** *(ugs.)* – *Polizist(in), Bulle*
3 **par-dessus** – *über ... hinweg*
4 **faire bouillir le sang dans les veines de qn** – *jds Blut in Wallung bringen*
5 **l'objet (m) de famille** – *Erbstück*
6 **récupérer qc** – *etw wiederhaben*
7 **divorcer** – *sich scheiden lassen*
8 **la cour** – *hier: Gericht*
9 **la valeur sentimentale** – *ideeller, persönlicher Wert, Erinnerungswert*
10 **la statuette** – *kleine Statue*
11 **l'acajou (m)** – *Mahagoni*
12 **la taille** – *hier: Größe*
13 **avoir la moindre idée de qc** – *die leiseste Ahnung von etw haben*

Elle me **tend**[1] une **pochette cartonnée**[2]. À l'intérieur, il y a trois indices : une date **gribouillée**[3] sur une serviette, une liste de **vols**[4] vers différents pays du globe et une **photo instantanée**[5] **surexposée**[6] dont le motif est presque impossible à **distinguer**[7].

– J'ai imprimé la liste depuis son ordinateur professionnel et j'ai trouvé la serviette et la photo au fond de sa valise.

– Il n'a pas emporté sa valise ?

– Non, il n'a rien emporté, dit-elle, et pour la première fois, je sens de l'**inquiétude**[8] dans sa voix. Il voyage beaucoup. Il a des clients dans le monde entier. Mais il ne prend jamais de photos. Il dit qu'aucune photo ne peut **rendre justice à**[9] la réalité.

– Il a raison, dis-je en **contemplant**[10] la douce **courbe de sa nuque**[11]. Donc, vous voulez que je le retrouve. S'il est en difficultés, vous voulez que je vous le **ramène**[12]. S'il est avec une autre femme, vous voulez la statuette. **C'est bien ça ?**[13]

Elle sourit presque.

– Je vois que j'ai trouvé l'homme de la situation.

– Et vous, comment vous m'avez trouvé, **au fait**[14] ?

– Par de vieux amis. Ils m'ont dit que vous étiez **doué**[15].

Oui, j'*étais* doué, il y a longtemps. Mais maintenant ?

---

1 **tendre qc à qn** – *jdm etw reichen*
2 **la pochette cartonnée** – *Pappumschlag*
3 **gribouillé(e)** – *gekritzelt*
4 **le vol** – *hier: Flug*
5 **la photo instantanée** – *Sofortbild*
6 **surexposé(e)** – *überbelichtet*
7 **distinguer qc** – *hier: etw erkennen*
8 **l'inquiétude (f)** – *Sorge*
9 **rendre justice à qc** – *hier: etw gerecht werden*
10 **contempler qc** – *etw betrachten*
11 **la courbe de sa nuque** – *Wölbung ihres Nackens*
12 **ramener qn** – *jdn zurückbringen*
13 **C'est bien ça ?** – *Ist das so?, Richtig?*
14 **au fait** – *übrigens*
15 **doué(e)** – *begabt*

Ce soir-là, je rentre chez moi, dans mon appartement froid de la ville de Québec, et j'essaye d'**être à la hauteur des espérances de**[1] cette femme.

Trois indices.

La liste des vols est **pratiquement inutile**[2]. Elle **comprend**[3] plus d'**une vingtaine**[4] de destinations l'année dernière : Tokyo, Londres, Paris, Sydney...

La serviette ne m'apprend pas grand-chose non plus. Il y a la date : le cinq mai, un horaire : sept heures trente, et deux mots : *attends-moi*.

Elle **dégage** cependant **une légère odeur de**[5] parfum **haut de gamme**[6]. Je l'approche de mon nez et inspire profondément.

Puis je prends la photo et la regarde sous la lumière de ma lampe. Elle est vraiment surexposée. L'image est presque impossible à distinguer. Peut-être y a-t-il une rivière à côté d'un étrange bâtiment, mais peut-être pas.

Je décide que j'ai besoin d'un **remontant**[7] et je me sers un grand verre de cognac. Je reste là un moment, à boire et à fumer, les trois indices **étalés**[8] devant moi sur la table. Je pense à Mme Parfaite et à son sourire parfait. Finalement, je prends la statuette de serpent. La femme me l'a donnée et m'a dit de la **conserver soigneusement**[9], de toujours la garder avec moi, parce qu'elle avait une grande importance sentimentale pour elle.

Je passe mes doigts sur la statuette, **l'esprit ailleurs**[10]. Alors que je **m'apprête à**[11] la reposer et à me servir un nouveau

---

1 **être à la hauteur des espérances de qn** – *jds Erwartungen entsprechen*
2 **pratiquement inutile** – *so gut wie nutzlos*
3 **comprendre qc** – *hier: aus etw bestehen*
4 **une vingtaine** – *etwa zwanzig*
5 **dégager une légère odeur de qc** – *einen zarten Duft von etw verbreiten*
6 **haut de gamme** – *hochwertig, hier: teuer*
7 **le remontant** – *hier: Getränk zur Stärkung*
8 **étalé(e)** – *ausgebreitet*
9 **conserver soigneusement qc** – *etw sorgfältig aufbewahren*
10 **l'esprit ailleurs** – *mit dem Kopf woanders*
11 **s'apprêter à faire qc** – *im Begriff sein etw zu tun*

verre de cognac, un sourire se dessine sur mes lèvres. Pour la première fois, je pense comprendre **de quoi il retourne**[1] dans cette affaire. Pour la première fois, je pense que peut-être, je *peux* être le détective dont cette femme a besoin.

Mais d'abord, je dois comprendre les trois indices.

Alors je bois et fume encore un peu, et je prends une nouvelle fois la photo. Je l'**examine**[2] de mes yeux fatigués et tout à coup, je distingue ce qui est sur l'image. Tout à coup, je sais où je dois aller.

– Beau travail, Monsieur Cabral, me dis-je à moi-même.

J'ouvre un sac de voyage, y jette quelques vêtements, les trois indices et la statuette de serpent. La femme m'a dit de la prendre avec moi. Pour être sûr de pouvoir reconnaître sans problème l'autre statuette.

Pendant un moment, je contemple le serpent et je souris.

Puis je vais me coucher.

Parce qu'à cette heure-ci demain, je serai à Paris.

La balle me touche à la **poitrine**[3] et la douleur est **indescriptible**[4]. Je ne réalise pas tout de suite que l'**impact**[5] m'a fait perdre l'**équilibre**[6] et ma tête **heurte**[7] le sol en verre. En-dessous de moi, il y a plein de monde, mais personne ne me voit. Le pistolet est équipé d'un **silencieux**[8], le **coup de feu**[9] était impossible à entendre, sauf ici, mais à cette heure, l'étage est vide.

Pendant un moment, je suis **mi-conscient, mi-inconscient**[10], puis je me souviens de comment je suis arrivé ici.

LE QUATRIÈME INDICE

---

1 **de quoi il retourne** – *worauf es hinausläuft*
2 **examiner qc** – *etw überprüfen, etw genau ansehen*
3 **la poitrine** – *Brust*
4 **indescriptible** – *unbeschreiblich*
5 **l'impact (m)** – *hier: Einschuss*
6 **l'équilibre (m)** – *Gleichgewicht*
7 **heurter qc** – *auf etw prallen*
8 **le silencieux** – *Schalldämpfer*
9 **le coup de feu** – *Schuss*
10 **mi-conscient(e), mi-inconscient(e)** – *halb bei Bewusstsein, halb bewusstlos*

Je me souviens de l'aéroport à Québec, de la première fois où je **me rends compte que**[1] je **suis suivi**[2]. Et je me souviens du passage de la sécurité et de la manière dont les agents vérifient le **contenu**[3] de mon sac avant de me laisser passer.

Je ne me souviens pas vraiment du vol. Seulement que j'ai bu un verre pour faire passer le temps plus vite et que j'ai senti quelqu'un m'observer **à un moment donné**[4], mais que je n'ai pas tourné la tête.

Une fois à Paris, j'essaye de rester discret. J'**arrange**[5] une ou deux choses. Je bois du vin français dans un bistro calme. Je regarde la tour.

La tour où je me trouve maintenant, **allongé par terre**[6], une balle de pistolet à quelques centimètres du cœur.

– La statuette, répète la voix, et la silhouette armée sort de l'ombre au premier étage de la tour Eiffel, un chapeau et le **col**[7] de son manteau **dissimulant**[8] son visage.

J'ai envie de rire, parce que la silhouette ressemble à un personnage sorti d'un vieux film en noir et blanc. Mais je ne le fais pas, parce que ma poitrine me fait trop mal et parce que je veux savoir si j'**ai raison**[9].

La silhouette avance, le pistolet toujours **pointé sur**[10] moi. Elle prend mon sac et en sort la statuette.

– C'est vous… qui… me suiviez, dis-je.

La silhouette **hoche la tête**[11].

---

1 **se rendre compte que** – *hier: bemerken, dass*
2 **être suivi(e)** – *verfolgt werden*
3 **le contenu** – *Inhalt*
4 **à un moment donné** – *irgendwann*
5 **arranger qc** – *hier: etw organisieren*
6 **allongé(e) par terre** – *am Boden liegend*
7 **le col** – *Kragen*
8 **dissimuler qc** – *etw verstecken*
9 **avoir raison** – *recht haben*
10 **pointé(e) sur qn** – *auf/gegen jdn gerichtet*
11 **hocher la tête** – *nicken*

– Vous pouvez parler. Je sais que c'est vous. Je sens votre parfum d'ici.

Il y a un silence, et, toujours allongé sur le sol, je regarde le pistolet.

Elle enlève son chapeau et ses cheveux blonds tombent sur sa nuque. Elle a un **air**[1] différent, pas de **maquillage**[2], pas de jolie robe. Mais elle n'a pas pu **résister au**[3] parfum.

– Bien sûr que je vous suivais. Je ne voulais pas passer la **douane**[4] moi-même avec la statuette, mais je devais **veiller à**[5] sa sécurité **permanente**[6].

– Vous êtes **maligne**[7]. Une photo instantanée et une liste de destinations. Vous ne m'avez pas **facilité la tâche**[8].

Elle sourit.

– Mais vous êtes là. Et ma statuette aussi. Je savais que vous l'apporteriez pour moi. J'aurais peut-être pu l'apporter moi-même, mais pourquoi **prendre un risque**[9] ? C'était bien plus facile de laisser un idiot comme vous la transporter **à ma place**[10]. Je ne voulais pas **vous tirer dessus**[11], mais vous ne m'avez pas **rendu**[12] ma statuette quand je vous l'ai demandée.

Elle prend la statuette, appuie sur un **bouton caché**[13] et une petite ouverture apparaît dans le bois.

– Alors, dites-moi. Qu'est-ce que vous **transportez clandestinement**[14] de pays en pays, vous et votre mari ? De la drogue ? Des diamants ?

---

1 **l'air (m)** – *hier: Gesichtsausdruck*
2 **le maquillage** – *Make-up, Schminke*
3 **résister à qc** – *etw widerstehen*
4 **la douane** – *Zoll*
5 **veiller à qc** – *auf etw achten, über etw wachen*
6 **permanent(e)** – *kontinuierlich*
7 **malin/maligne** – *schlau*
8 **faciliter la tâche à qn** – *jdm die Sache erleichtern*
9 **prendre un risque** – *ein Risiko eingehen*
10 **à ma place** – *an meiner Stelle, hier: für mich*
11 **vous tirer dessus** – *hier: auf Sie schießen*
12 **rendre qc** – *etw zurückgeben*
13 **le bouton caché** – *versteckter Knopf*
14 **transporter qc clandestinement** – *etw schmuggeln*

Elle rit.

– Mon mari ? Je n'ai pas de mari. Il n'y a pas non plus de deuxième statuette. Il n'y a que moi. C'est mon affaire, et je ne transporte rien d'aussi banal que de la drogue ou des diamants. Je **fais du commerce**[1] d'informations. **Secrets d'État**[2], **espionnage industriel**[3]. J'ai assez d'informations sur cette clé USB pour…

Elle se tait et regarde à l'intérieur du trou dans la statuette.

– Où est-elle ? **murmure**[4]-t-elle, et elle pointe de nouveau son **arme**[5] sur moi. Où est la clé USB ?

Je ne dis d'abord rien, mais **prends une profonde inspiration**[6] et me lève lentement. Elle va peut-être de nouveau me tirer dessus, mais si elle ne **vise**[7] pas ma tête, ce ne sera pas grave. Le **gilet pare-balles**[8] que la police parisienne m'a donné est **suffisant**[9] pour arrêter les balles de son petit revolver.

– Merci pour cette **confession**[10], c'est tout ce dont nous avons besoin, dis-je.

– Nous ? Que voulez-vous dire ?

Mme Parfaite ne semble pas comprendre.

– Trois indices ? Où est-ce que vous vous croyez ? Dans un vieux roman policier ? J'ai su que quelque chose n'allait pas dès le moment où vous êtes entrée dans mon bureau. Vous étiez juste *trop* parfaite. Une trop grande perfection est toujours synonyme de problèmes. Les belles femmes riches n'engagent pas de détectives privés **sur le déclin**[11] comme moi. Et il ne m'a pas fallu longtemps pour réaliser que votre statuette était une

---

1 **faire du commerce** – *handeln*
2 **le secret d'État** – *Staatsgeheimnis*
3 **l'espionnage (m) industriel** – *Wirtschaftsspionage*
4 **murmurer** – *murmeln*
5 **l'arme (f)** – *Waffe*
6 **prendre une profonde inspiration** – *tief einatmen*
7 **viser qc** – *auf etw zielen*
8 **le gilet pare-balles** – *schusssichere Weste*
9 **suffisant(e)** – *ausreichend*
10 **la confession** – *hier: Geständnis*
11 **sur le déclin** – *hier: abgehalftert*

boîte. Quand vous m'avez dit de la prendre avec moi, j'ai pensé que quelque chose n'allait pas. Vous me dites que c'est un objet de famille, mais vous me laissez, moi, **un parfait inconnu**[1], l'emporter à l'autre bout du monde pour vous ? Cela n'a pas de sens. Ce sont les policiers de Québec qui ont votre clé USB maintenant. Ils ont demandé à la sécurité de l'aéroport de me laisser passer. Vous pensiez que je suivais vos indices comme un idiot. Vous pensiez que je ne savais pas que vous me suiviez.

Je ris.

– **Je vous l'accorde**[2], le chapeau et le manteau m'ont un peu **dérouté**[3], jusqu'à ce que je sente votre parfum. Je pensais que je m'étais peut-être trompé, qu'il y avait vraiment un mari. Mais grâce à votre confession, nous savons **désormais**[4] que vous travaillez seule.

Elle **lève**[5] de nouveau son arme, mais à ce moment-là, les agents de la police parisienne apparaissent, **armes levées**[6].

– **C'est terminé**[7], ma belle, dis-je, et je la regarde tandis que les policiers l'emmènent.

Puis je me tourne et regarde la masse sombre de la Seine et derrière, les jardins du Trocadéro.

Elle a raison sur un point, me dis-je en laissant la photo instantanée **s'envoler**[8] : aucune photo ne peut rendre justice à la réalité.

---

1 **le/la parfait(e) inconnu(e)** – *vollkommen Fremde(r)*
2 **Je vous l'accorde.** – *Ich gebe es zu.*
3 **dérouter qn** – *hier: jdn verwirren, jdn fehlleiten*
4 **désormais** – *ab jetzt*
5 **lever qc** – *hier: etw erheben*
6 **(les) armes (f Pl) levées** – *hier: mit erhobenen Waffen*
7 **C'est terminé.** – *Es ist vorbei.*
8 **s'envoler** – *wegfliegen, davonfliegen*

Mit seiner unverkennbaren Silhouette ist der Eiffelturm, ursprünglich für die 10. Weltausstellung 1889 gebaut, das Wahrzeichen der französischen Hauptstadt **Paris**. Mit seinen 324 Metern Höhe war er vierzig Jahre lang das höchste Bauwerk der Welt und ist heute noch das höchste Bauwerk Frankreichs. Seit 2014 verfügt die erste Etage des Eiffelturms über einen Glasboden, durch welchen die Besucher aus 57 Metern Höhe nach unten schauen können. Der Eiffelturm steht am südlichen Seine-Ufer. Von dort blickt man auf der einen Seite in Richtung *Champ de Mars* und auf der anderen zu den *Jardins du Trocadéro*. Das Wahrzeichen Frankreichs wurde in unzähligen Werken dargestellt, sowohl in Liebesfilmen und -romanen als auch in Krimis. Im wahren Leben ist der Eiffelturm auch ein ambivalentes Symbol: Trotz seines romantischen Rufs und der unzähligen Heiratsanträge, die in seinem Restaurant gemacht wurden, war und ist der Eiffelturm auch Schauplatz für ein paar grausame Ereignisse, darunter fallen einige Selbstmorde, unglückliche Unfälle und sogar ein Mord!

8. LA CHAIR ET LE SANG

Un **éclair**[1] **déchire le ciel**[2] noir et pluvieux et illumine un **bref instant**[3] les plaines de l'Aubrac.

Les arbres dansent dans le vent de la **tempête**[4], la pluie tombe **en trombes**[5] sur les **prés**[6] déserts, mais à part cela, il n'y a pas un seul mouvement.

Jusqu'à ce qu'un petit véhicule apparaisse sur l'une des petites routes **tortueuses**[7]. C'est une vieille voiture, elle avance lentement, presque comme si elle avait peur de la tempête.

À la place du conducteur, un homme **corpulent**[8] de cinquante ou cinquante-cinq ans essaye de voir la route à travers le **pare-brise**[9].

Grand et gros, il porte une épaisse barbe grise a un visage rond et des yeux verts **avenants**[10]. De temps en temps, il **se penche**[11] vers l'avant et essuie le pare-brise de sa main, parce que la **condensation**[12] l'empêche de voir correctement.

Alors qu'il arrive au sommet d'une **colline**[13], il **s'apprête à**[14] se pencher pour essuyer le pare-brise quand il voit tout à coup quelque chose au milieu de la route. Il pense d'abord que c'est

---

1 **l'éclair (m)** – *Blitz(strahl)*
2 **déchirer le ciel** – *hier: den Himmel durchzucken*
3 **un bref instant** – *für einen kurzen Augenblick*
4 **la tempête** – *Sturm, Unwetter*
5 **en trombes** – *in Strömen*
6 **le pré** – *Wiese, Feld*
7 **tortueux(-euse)** – *verschlungen*
8 **corpulent(e)** – *korpulent, beleibt*
9 **le pare-brise** – *Windschutzscheibe*
10 **avenant(e)** – *hier: freundlich*
11 **se pencher** – *sich beugen*
12 **la condensation** – *Kondenswasser*
13 **la colline** – *Hügel*
14 **s'apprêter à faire qc** – *im Begriff sein etw zu tun*

simplement son imagination, mais juste à ce moment-là, un nouvel éclair illumine le paysage et l'homme **freine d'un coup sec**[1].

La voiture s'arrête dans un **crissement de pneus**[2], mais seulement après avoir **heurté** quelque chose[3]. L'homme n'est pas sûr de ce qui vient de se passer. Il ouvre la **portière**[4] **avec précaution**[5] et sort dans la nuit. Le vent souffle dans son long manteau vert et sa barbe est rapidement **trempée par la pluie**[6]. Il va vers l'avant de la voiture et, **tout d'abord**[7], ne voit rien. Puis il **aperçoit**[8] une jeune fille sur le bord de la route. Ses vêtements sont couverts de sang, elle a une grosse **coupure**[9] à la tête, mais ses yeux marron sont grand ouverts et fixés sur lui.

– Aidez-moi ! crie-t-elle dans l'**obscurité**[10] de la campagne. Je vous en prie. Je vous en prie, vous devez m'aider.

L'homme ne bouge d'abord pas. Puis, sans dire un mot, il enlève son manteau et s'approche d'elle. Il lui **couvre**[11] les épaules de son manteau et **s'agenouille**[12].

– Mon Dieu ! dit-il. Je suis vraiment désolé. Je ne vous ai pas vue. Qu'est-ce que vous faites ici, **en plein milieu de nulle part**[13], **par un temps pareil**[14] ?

– Je vous en prie, dit la jeune fille en essayant de se relever. Nous devons partir. Vous devez me **sortir**[15] d'ici.

---

1 **freiner d'un coup sec** – *ruckartig bremsen*
2 **le crissement de pneus** – *Quietschen der Reifen*
3 **heurter qc** – *auf etw prallen*
4 **la portière** – *hier: Autotür*
5 **avec précaution** – *vorsichtig*
6 **trempé(e) par la pluie** – *vom Regen durchnässt*
7 **tout d'abord** – *zunächst*
8 **apercevoir qn** – *hier: jdn bemerken*
9 **la coupure** – *Schnittwunde*
10 **l'obscurité (f)** – *Dunkelheit*
11 **couvrir qc** – *etw bedecken*
12 **s'agenouiller** – *sich hinknien*
13 **en plein milieu de nulle part** – *mitten im Nirgendwo*
14 **par un temps pareil** – *bei so einem Wetter*
15 **sortir qn** – *hier: jdn fortbringen*

– Attendez ! Faites attention. Vous ne devriez pas bouger. Vous avez peut-être une **fracture**[1]. Regardez, vous êtes couverte de sang.

– Non, vous ne comprenez pas. Ce n'est pas mon sang. Je vais bien, dit-elle.

– Ce n'est pas votre sang ? Mais vous avez une coupure à la tête.

La jeune fille porte une main à sa tête et regarde le liquide rouge sur ses doigts.

– Ce n'est rien. Vous devez me croire. S'il vous plaît, emmenez-moi loin d'ici. Il y a un homme. Un homme terrible. Nous devons partir.

Le conducteur regarde la jeune fille pendant un instant, puis tourne les yeux vers l'obscurité de la campagne.

– Un homme ? Ici ? Qui ? Un ami à vous ?

La jeune fille essaye de se lever, mais elle est trop **faible**[2].

– Je vous en prie. Je vous expliquerai tout. J'ai juste besoin que vous m'emmeniez loin d'ici.

L'homme réfléchit encore un peu. Son regard s'arrête sur le sang qui couvre les vêtements de la jeune fille, puis sur l'expression horrifiée de ses yeux.

– D'accord. Mais je ne vous laisse pas marcher, dit-il, et il se penche pour la **soulever**[3], son manteau toujours **enroulé**[4] comme une **couverture**[5] autour des épaules de la jeune fille.

Il retourne à la voiture **sans grande difficulté**[6], ouvre la portière du côté passager et assoit la jeune fille dans le siège. Puis il se tourne vers les collines et cherche des signes d'une autre **présence**[7].

---

1 **la fracture** – *(Knochen)bruch*
2 **faible** – *schwach*
3 **soulever qn** – *jdn (hoch)heben*
4 **enroulé(e)** – *gewickelt*
5 **la couverture** – *Decke*
6 **sans grande difficulté** – *ohne große Mühe*
7 **la présence** – *Anwesenheit*

– S'il vous plaît, dépêchez-vous ! crie la jeune fille. Nous devons partir. Maintenant.

Le conducteur **se détourne de**[1] la pluie et du vent et reprend sa place derrière le **volant**[2]. Il **démarre**[3].

– Il faut que je vous emmène à l'hôpital.

– D'accord, dit la jeune fille, plus **détendue**[4] maintenant que les portières de la voiture sont fermées. Et la police. Nous devons appeler la police aussi.

Tandis que[5] la voiture commence à avancer lentement le long de la route, le conducteur tourne la tête pour regarder la jeune fille. Pauvre créature, se dit-il en la voyant dans le manteau vert trop grand pour elle et ses vêtements couverts de sang.

– La police, vous dites ? Il vous est arrivé quelque chose, Mademoiselle ?

La jeune fille **hoche la tête**[6] et se met soudain à pleurer.

– Oh, mon Dieu. C'était horrible. Tellement horrible. Je ne peux pas… je ne sais pas comment l'expliquer. Mon Dieu, je ne sais même pas où je suis, dit-elle **en sanglots**[7].

– Ah, sur ce point, je peux vous aider, Mademoiselle. Vous êtes dans le parc naturel régional de l'Aubrac. Nous sommes sur une petite route qui rejoint la **départementale**[8] en direction de Mende. Comment êtes-vous arrivée ici ? Vous êtes seule ?

– Le parc de l'Aubrac ? Mon Dieu. Je ne… je ne sais pas, dit-elle, et les **larmes**[9] se remettent à couler le long de ses **joues**[10].

---

1 **se détourner de qc** – *sich von etw abwenden*
2 **le volant** – *Lenkrad*
3 **démarrer** – *den Motor anlassen*
4 **détendu(e)** – *entspannt*
5 **tandis que** – *während*
6 **hocher la tête** – *nicken*
7 **en sanglots** – *schluchzend, unter Tränen*
8 **la départementale** – *Landstraße*
9 **la larme** – *Träne*
10 **la joue** – *Wange*

– Tout va bien, Mademoiselle. Je vous emmène **en lieu sûr**[1]. Mais vous devriez essayer de vous souvenir de tout ce qui s'est passé. La police va vous le demander.

Un nouvel éclair déchire le ciel et, **du coin de l'œil**[2], le conducteur voit une **étrange**[3] expression apparaître sur le visage de la jeune fille.

– Je… je suis sortie avec mes amies. C'est l'anniversaire de Sarah. Nous avons bu… et dansé.

– Où ça ?

– À Mende. C'est là que j'habite.

– Et vous êtes venues jusqu'ici ?

– Non. Vous ne comprenez pas. Il y avait un homme.

Le conducteur **se tait**[4] un moment, puis il dit :

– Et ensuite ?

– Il… il était dans l'un des bars. Il s'est approché de moi et a essayé d'**engager la conversation**[5]. Au début… au début, je l'ai trouvé assez sympa. Il était grand, les cheveux foncés, beau garçon. Mais…

– Mais quoi ? demande le conducteur tandis que la voiture monte difficilement une nouvelle **côte raide**[6].

– Il avait quelque chose… d'étrange Quelque chose… dans le regard.

La jeune fille **frissonne**[7], mais le conducteur ne croit pas **que ce soit**[8] à cause de ses vêtements froids et **mouillés**[9].

– Je lui ai dit que je n'étais pas intéressée. Il a eu l'air énervé, mais il ne m'a rien dit. Il est juste parti.

– Et vous l'avez revu ensuite ?

---

1 **en lieu sûr** – *in Sicherheit, an einen sicheren Ort*
2 **du coin de l'œil** – *aus dem Augenwinkel*
3 **étrange** – *seltsam*
4 **se taire** – *schweigen*
5 **engager la conversation** – *ein Gespräch beginnen*
6 **la côte raide** – *steiler Hang*
7 **frissonner** – *zittern*
8 **que ce soit** *(subjonctif)* – *dass es … ist*
9 **mouillé(e)** – *nass*

La jeune fille réfléchit un moment.

– Oui. Mon Dieu, oui. Nous sommes allées dans un autre bar, mais je l'ai vu derrière nous. Je l'ai dit à une de mes amies, mais ça l'a juste fait rire.

La jeune fille porte une main à sa tête.

– Je ne… je ne me sens pas bien.

– Vous avez dit que vous aviez bu. Vous avez bu beaucoup ?

– Non. Pas plus que d'habitude.

Elle se tait un instant et **fixe l'obscurité**[1].

– Mais **au bout d'un moment**[2], j'ai commencé à me sentir **bizarre**[3], reprend-elle. J'**avais le tournis**[4]. Je ne pouvais pas me concentrer. Je voulais rentrer chez moi, mais Sarah et les autres étaient encore en train de danser. Je crois… je crois que je suis sortie prendre l'air… et…

Ils **atteignent**[5] le haut de la colline et, au loin **en contrebas**[6], ils voient la ville de Mende.

– Et quoi ? demande le conducteur.

– Il était là ! Mon Dieu, je m'en souviens maintenant. J'**avais la nausée**[7] et j'ai senti quelqu'un poser son bras autour de mes épaules. Oh, mon Dieu. Je me rappelle sa voix. Il a dit à quelqu'un que j'étais sa **petite amie**[8]. Il a fait une **blague**[9], il a dit que j'étais un **poids plume**[10]. J'ai essayé de le **repousser**[11], mais j'étais trop… ma tête… je me sentais toujours bizarre.

---

1 **fixer l'obscurité** – *in die Dunkelheit starren*
2 **au bout d'un moment** – *nach einer Weile*
3 **bizarre** – *komisch*
4 **avoir le tournis** – *schwindlig sein*
5 **atteindre qc** – *etw erreichen*
6 **en contrebas** – *unterhalb*
7 **avoir la nausée** – *übel sein*
8 **le/la petit(e) ami(e)** – *(fester) Freund/(feste) Freundin*
9 **la blague** – *Scherz*
10 **le poids plume** – *Fliegengewicht*
11 **repousser qn** – *hier: jdn abwehren, jdn wegstoßen*

– Pauvre demoiselle. Je vous emmène directement au **commissariat**[1]. Ne vous inquiétez pas, nous y serons dans quelques minutes.

La jeune fille hoche la tête.

– Merci. Vous m'avez **sauvée**[2]. Vous m'avez sauvé la vie, dit-elle, les yeux de nouveau **emplis de terreur**[3]. Vous n'imaginez pas ce qu'il allait faire.

Le conducteur se tourne vers elle pour la regarder.

– Qu'est-ce que vous voulez dire, ce qu'il allait faire ?

– C'était horrible. Je me souviens de sa voiture. Ou en tout cas, je me souviens qu'il m'a mise sur la **banquette arrière**[4]. J'ai essayé de crier. J'ai essayé d'appeler Sarah ou **n'importe qui d'autre**[5]. Il était au volant. Au début, il y avait encore des lumières, puis tout a été noir, comme maintenant.

La voiture **ralentit**[6] un peu, le conducteur met son **clignotant**[7] à droite, **hésite brièvement**[8], puis prend une autre route.

– Vous pensez qu'il vous a emmenée jusqu'ici ?

– Oui, je pense. Je ne m'en souviens pas, mais je me souviens que…

Tout à coup, la jeune fille pousse un cri.

– Oh, mon Dieu, non !

– Quoi ? demande le conducteur.

– Cet endroit. Cet horrible endroit. C'était une sorte d'**usine**[9]. Il y avait des **cadavres d'animaux**[10] **pendus**[11] à des

---

1 **le commissariat** - *Polizeirevier*
2 **sauver qn** - *jdn retten*
3 **empli(e) de terreur** - *angsterfüllt, voller Entsetzen*
4 **la banquette arrière** - *Rückbank*
5 **n'importe qui d'autre** - *irgendjemand anders*
6 **ralentir** - *verlangsamen, langsamer fahren*
7 **le clignotant** - *Blinker*
8 **hésiter brièvement** - *kurz zögern*
9 **l'usine (f)** - *Fabrik*
10 **le cadavre d'animal** - *Tierkadaver*
11 **pendu(e)** - *aufgehängt*

crochets[1] au plafond. Il m'a poussée entre eux sur une chaise métallique. Je l'entendais parler. Il **m'a traitée de**[2] **cochonne**[3]. Il a dit…

La jeune fille se remet à **sangloter**[4].

– Quoi ? Qu'est-ce qu'il a dit ?

Il a dit que je n'étais qu'une cochonne de plus, crie-t-elle. Et je pouvais les voir. Les cadavres de cochons. Partout. Ils pendaient à des crochets, et leur sang **se vidait**[5].

– On dirait un **abattoir**[6]. Ou peut-être une ferme. Il y en a pas mal **dans le coin**[7].

La jeune fille secoue la tête.

– Non. Non, il m'a dit ce que c'était. Il s'est avancé vers une énorme machine. Il a appuyé sur un bouton et m'a **forcée à**[8] regarder.

– Regarder ?

La jeune fille regarde le conducteur, **les yeux exorbités de terreur**[9].

– Il a attrapé un gros morceau de **chair**[10] et l'a mis dans la machine. Je ne voulais pas regarder, mais il m'a **tenu la tête**[11] et m'a forcée à le faire.

La voiture se met lentement à descendre dans la vallée et la ville au loin disparaît, ses lumières **s'évanouissant**[12] derrière l'horizon.

1 **le crochet** – Haken
2 **traiter qn de** – jdn beschimpfen als
3 **la cochonne** (ugs.) – Sau, hier: Miststück
4 **sangloter** – schluchzen
5 **se vider** – hier: auslaufen
6 **l'abattoir** (m) – Schlachthaus
7 **dans le coin** – in der Umgebung, in der Gegend
8 **forcer qn à faire qc** – jdn zwingen etw zu tun
9 **les yeux (m Pl) exorbités de terreur** – mit vor Schreck aufgerissenen Augen
10 **la chair** – Fleisch
11 **tenir la tête à qn** – jds Kopf festhalten
12 **s'évanouir** – hier: verschwinden

– Il a dit, « c'est ce qui arrive aux cochonnes comme toi », dit la jeune fille. Il a dit, « c'est mon usine. C'est là que j'**amène**[1] les **vilaines**[2] cochonnes. C'est là que je fais… »

Pendant un moment, ses sanglots couvrent ses mots et elle pleure si fort que le conducteur a peur qu'elle **perde connaissance**[3].

– Du calme, Mademoiselle, du calme. Tout va bien. Nous ne sommes plus très loin maintenant.

– « C'est là que… c'est là que je fais ma… »

– Quoi ?

– **Charcuterie**[4] ! crie la jeune fille. Il a dit qu'il allait me transformer en charcuterie.

Le conducteur ne dit rien. Il ne se penche pas pour essuyer le pare-brise. Il ne regarde plus la jeune fille.

– Oh, mon Dieu. Cette machine. Je la vois encore. J'entends encore la chair en train d'**être broyée**[5]. Je sens encore l'**odeur**[6] du sang.

Le conducteur a une **quinte de toux**[7] **gênée**[8].

– Ça ne peut pas être réel, Mademoiselle. Vous êtes sûre que vous n'avez pas trop bu ou juste fait un **cauchemar**[9] ?

– C'est réel ! **hurle**[10] la jeune fille. Regardez-moi. Regardez mes vêtements. Ce n'est pas mon sang. Il a essayé de me **saisir**[11], mais je **m'y attendais**[12]. Je lui ai **mis un coup de tête au**[13] visage.

Elle porte de nouveau la main à sa tête.

---

1 **amener qn** – *jdn (hin)bringen*
2 **vilain(e)** – *hier: unartig, ungezogen*
3 **perdre connaissance** – *bewusstlos werden, das Bewusstsein verlieren*
4 **la charcuterie** – *Wurst(waren)*
5 **être broyé(e)** – *zerkleinert werden*
6 **l'odeur (f)** – *Geruch*
7 **la quinte de toux** – *Hustenanfall*
8 **gêné(e)** – *hier: verlegen*
9 **le cauchemar** – *Albtraum*
10 **hurler** – *brüllen*
11 **saisir qn** – *hier: jdn packen*
12 **s'attendre à qc** – *etw erwarten*
13 **mettre un coup de tête à qn** – *jdm einen Kopfstoß geben*

– Je l'ai entendu crier. J'ai couru, mais il m'a suivie. Je ne voyais pas la porte. J'avais tellement… tellement peur. Je ne savais pas quoi faire. J'ai vu… mon Dieu… j'ai vu un gros **container métallique**[1]. Il était plein de chair et de sang. De cochons. De cadavres de cochons. Je savais que l'homme était quelque part derrière moi, alors j'ai sauté dans le container. J'avais du sang partout, mais je n'ai pas bougé. Je n'ai pas bougé, je ne pouvais pas bouger.

Le silence s'installe[2] dans la voiture. Dehors, la tempête commence à **passer**[3] et les éclairs sont moins fréquents.

La voiture ralentit, mais la jeune fille recommence à parler.

– Je l'ai entendu passer devant moi en courant. Je l'ai entendu ouvrir une porte. Je pense qu'il a cru que je **m'**étais **enfuie**[4]. J'ai attendu. J'essayais de ne pas penser à l'odeur. Et puis, au bout d'un moment, je ne sais pas combien de temps, je suis sortie du container et je suis allée jusqu'à la porte. Je pensais qu'il m'attendait, mais j'ai couru. **Il le fallait.**[5] Il fallait que je quitte cet endroit.

La voiture s'arrête enfin et le conducteur **éteint le moteur**[6]. La condensation sur les fenêtres est si **épaisse**[7] que les passagers ne peuvent rien voir dehors. Il n'y a que le son de la pluie et du vent.

La jeune fille regarde le conducteur.

– Je ne me rappelle **pas grand-chose**[8] après ça. Des prés. Des collines. La pluie. Et puis…

Elle sourit presque.

– Et puis, vous… votre voiture. Mon Dieu. Je crois que vous m'avez sauvée. Je crois que vous m'avez sauvé la vie.

---

1 **le container métallique** – *Metallbehälter, Metallcontainer*
2 **Le silence s'installe.** – *Es wird still.*
3 **passer** – *hier: vorüberziehen*
4 **s'enfuir** – *fliehen*
5 **Il le fallait.** – *hier: Ich musste es tun.*
6 **éteindre le moteur** – *den Motor abschalten*
7 **épais(se)** – *dick*
8 **pas grand-chose** – *nicht viel*

Le conducteur hoche la tête.

– Il faut aller se mettre à l'intérieur, maintenant. Il faut vous **enlever**[1] tous ces vêtements trempés.

La jeune fille baisse les yeux vers ses vêtements.

– Oh mon Dieu, dit-elle, **le souffle coupé**[2]. Regardez ce que j'ai fait de votre manteau. Il est complètement **ruiné**[3].

– Ce n'est pas grave, Mademoiselle. Ne vous inquiétez pas pour ça. Ne vous inquiétez de rien. Pas pour l'instant.

– Mais il est plein de sang.

Elle commence à enlever le manteau, mais soudain, elle voit quelque chose et s'arrête.

Avec l'obscurité qui **règne**[4] dans la voiture, elle a du mal à voir ce que c'est exactement. Une sorte de logo sur la **poche de poitrine**[5] du manteau vert.

– Que... qu'est-ce que c'est que ça ? demande-t-elle en passant sa main sur la **broderie**[6]. Ces mots. Qu'est-ce qui est écrit ?

Dehors, elle entend le bruit **familier**[7] d'une porte qui s'ouvre et des **pas**[8] s'approchant du véhicule.

– Vous devez comprendre, dit calmement le conducteur. C'est un **type bien**[9] en réalité. C'est juste qu'il est parfois tellement... tellement en colère. Qu'est-ce que je peux faire ? Je **suis obligé de**[10] l'aider. Je ne le veux pas. Je ne le veux jamais. Mais qu'est-ce que je peux faire d'autre ? demande-t-il tandis que les bruits de pas s'arrêtent devant la portière. **Après tout**[11], il est **ma chair et mon sang**[12].

---

1 **enlever qc à qn** – *hier: jdm etw ausziehen*
2 **le souffle coupé** – *mit stockendem Atem*
3 **ruiné(e)** – *hier: ruiniert*
4 **régner** – *herrschen*
5 **la poche de poitrine** – *Brusttasche*
6 **la broderie** – *Stickerei*
7 **familier(-ière)** – *vertraut*
8 **le pas** – *Schritt*
9 **un type bien** – *ein anständiger Kerl, hier: ein guter Junge*
10 **être obligé(e) de faire qc** – *etw tun müssen, verpflichtet sein etw zu tun*
11 **après tout** – *schließlich*
12 **ma chair et mon sang** – *mein Fleisch und Blut*

Et alors qu'un dernier éclair déchire le ciel, la jeune fille voit enfin le logo sur la poche du manteau. Il est écrit :

« **Charcuterie**[1] Poujols et fils ».

Mais la jeune fille n'a pas le temps de crier. La portière s'ouvre et le cauchemar recommence.

Der regionale **Naturpark Aubrac** wurde 2018 gegründet und ist somit der 53. regionale Naturpark Frankreichs. Im südwestlichen Zentralmassiv gelegen, erstreckt er sich über drei Departements: *Aveyron, Lozère* und *Cantal*. Das *Aubrac* ist eine vulkanische Hochebene mit einer für die Gegend typischen Kulturlandschaft. Dort sind die Landwirtschaft und die Viehzucht von großer Bedeutung und so gut wie möglich an die natürlichen Verhältnisse angepasst. Das *Aubrac* ist vor allem für sein Rindfleisch und die gleichnamige Rinderrasse, bekannt, es werden aber auch andere Tierarten dort gezüchtet. Schweine gehören ebenfalls dazu, da Wurstwaren in Frankreich allgemein sehr beliebt sind. Aber natürlich möchte sich niemand vorstellen, einmal selbst als Wurst in einer Wurstfabrik zu enden …

---

1   **la charcuterie** – *hier: Wurstfabrik, Fleisch- und Wurstwaren(herstellung)*

9. UN VRAI TUEUR

Franck aime le silence qui s'installe dans le **vestiaire**[1] quand il enlève sa chemise.

À cette heure de la soirée, la pièce est presque vide, mais **les quelques hommes**[2] encore présents **détournent**[3] tous rapidement les yeux du corps de cet homme **corpulent**[4] et **intimidant**[5], couvert de **cicatrices**[6] et de tatouages.

À **la cinquantaine**[7], Franck sait qu'il n'est plus au **sommet**[8] de sa forme. Ses épaules et ses bras ont toujours une musculature impressionnante, mais il a un gros ventre dont la graisse **déborde de**[9] la serviette blanche enroulée autour de sa taille.

Mais Franck Bartoli **s'en fiche**[10]. Il n'a peut-être plus vingt ans, mais ses cicatrices et ses tatouages sont suffisamment **terrifiants**[11] pour faire savoir à tout le monde quel genre d'homme il est : un dangereux criminel.

– Bonne soirée, Monsieur Bartoli, dit un homme en sortant rapidement du vestiaire.

En entendant son nom, les autres semblent devenir encore plus nerveux.

---

1 **le vestiaire** – *Umkleideraum*
2 **les quelques hommes** – *die wenigen Männer*
3 **détourner qc** – *hier: etw abwenden*
4 **corpulent(e)** – *korpulent, beleibt*
5 **intimidant(e)** – *einschüchternd; bedrohend*
6 **la cicatrice** – *Narbe*
7 **la cinquantaine** – *hier: ca. 50 Jahre alt*
8 **le sommet** – *Gipfel; hier: Höhe*
9 **déborder de qc** – *hier: aus etw herausquellen*
10 **s'en ficher** – *egal sein*
11 **terrifiant(e)** – *angsteinflößend*

Avec un sourire **cruel**[1] qui laisse apparaître ses deux dents en or, Franck les regarde se dépêcher de sortir du petit vestiaire, content de l'effet de sa dangereuse **réputation**[2].

Maintenant seul, il ferme son **casier**[3] et va dans la vaste salle des **bains publics**[4]. C'est un magnifique bâtiment ancien, avec de hauts murs couverts de **carreaux**[5] bleus et blancs, un profond bassin central à l'eau **limpide**[6] et une **fontaine**[7] dorée dans chacun des quatre coins de la pièce.

Et tout cela lui **appartient**[8]. Ce n'est que l'une de ses nombreuses **propriétés**[9] dans la ville corse de Bastia.

Il avance vers le sauna, à l'autre bout de la pièce, heureux d'être **désormais**[10] seul dans les bains.

– Vous arrivez trop tard, dit une voix. Nous fermons.

Franck se retourne et voit un vieil **homme de ménage**[11] en uniforme.

– Monsieur Bartoli ? Excusez-moi, Monsieur, je ne vous avais pas reconnu. Je…

Franck lève un doigt et le vieil homme **se tait**[12].

– Ce n'est pas grave, Marcel, dit-il en lisant le nom sur le **badge**[13] de l'homme. Vous êtes nouveau ?

Le vieil homme **secoue la tête**[14].

– Ça fait plus d'un an que je suis là, mais d'habitude, je travaille le matin, Monsieur.

---

1 **cruel(le)** – *grausam*
2 **la réputation** – *Ruf*
3 **le casier** – *Schließfach*
4 **les bains (m Pl) publics** – *öffentliches Bad, öffentliche Badeanstalt*
5 **le carreau** – *Fliese*
6 **limpide** – *hier: klar*
7 **la fontaine** – *Springbrunnen*
8 **appartenir à qn** – *jdm gehören*
9 **la propriété** – *hier: Anwesen, Besitz*
10 **désormais** – *von nun an*
11 **l'homme (m) de ménage, la femme de ménage** – *Reinigungskraft*
12 **se taire** – *schweigen*
13 **le badge** – *hier: Namensschild*
14 **secouer la tête** – *den Kopf schütteln*

Franck **hoche la tête**[1].

– Vous pouvez partir. Je fermerai quand j'aurai fini.

Sans un mot de plus, Franck se tourne et continue d'avancer vers le sauna.

Lorsqu'il arrive à la porte, il l'ouvre et **savoure**[2] la sensation de la **chaleur**[3] sur son corps. Il est sur le point d'entrer quand il entend un bruit derrière lui.

– Je vous ai dit de partir, dit-il.

Puis tout à coup, la **douleur**[4] explose dans sa **nuque**[5] et il tombe en avant. Il **n'a rien le temps de faire**[6], sa tête **heurte**[7] le banc en **marbre**[8] à l'intérieur du sauna et tout devient noir.

– Monsieur Bartoli ? dit une voix douce. Vous m'entendez, monsieur Bartoli ?

Sur le sol du sauna, le corps couvert de **sueur**[9], Franck **a du mal à**[10] ouvrir les yeux.

– Qu'est-ce qui s'est passé ? demande-t-il, **l'esprit confus**[11].

– Vous êtes tombé, dit la voix. Vous **vous êtes cogné**[12] la tête. J'étais inquiet pour vous.

La voix **résonne**[13] étrangement, comme si elle venait de loin.

– Je suis tombé ? demande Franck.

Puis il sent la douleur dans sa nuque et il se souvient.

– Quelqu'un m'a **frappé**[14], dit-il. Je vais le **tuer**[15], je vais…

---

1. **hocher la tête** – *nicken*
2. **savourer qc** – *hier: etw genießen*
3. **la chaleur** – *Hitze*
4. **la douleur** – *Schmerz*
5. **la nuque** – *Nacken*
6. **n'avoir rien le temps de faire** – *keine Zeit haben, irgendetwas zu machen*
7. **heurter qc** – *gegen etw stoßen*
8. **le marbre** – *Marmor*
9. **la sueur** – *Schweiß*
10. **avoir du mal à faire qc** – *Schwierigkeiten haben etw zu tun*
11. **l'esprit confus** – *hier: konfus, verwirrt*
12. **se cogner qc (à qc)** – *sich etw (an etw) stoßen*
13. **résonner** – *ertönen*
14. **frapper qn** – *jdn schlagen*
15. **tuer qn** – *jdn töten*

Il entend alors un rire, lent et dangereux, et ses yeux s'ouvrent **d'un coup**[1].

– Qui êtes-vous ? demande-t-il furieux, en réussissant lentement à se lever.

Un visage apparaît à la petite fenêtre dans la porte du sauna.

– Vous ? dit Franck en voyant le visage du vieil homme de ménage.

Il essaye d'ouvrir la porte.

– Laissez-moi sortir d'ici, vieil homme.

L'homme de ménage sourit.

– Franck Bartoli. Le grand patron. Qui croit qu'il peut dire à tout le monde ce qu'il doit faire. Il fait assez chaud pour vous là-dedans, j'espère, Monsieur Bartoli ?

Franck **tape des poings**[2] contre la porte.

– Laissez-moi sortir d'ici.

L'homme de ménage secoue la tête.

– Non, je ne pense pas, non.

Franck crie de colère et frappe encore et encore contre la porte.

– **Ça ne sert à rien**[3], monsieur Bartoli. La porte est solide. Le verre aussi. Presque **incassable**[4]. Pourquoi ne vous asseyez-vous pas ? **Détendez-vous**[5]. C'est pour cela que vous venez ici tous les vendredis, non ? Pour vous détendre.

Franck arrête de frapper contre la porte, mais la colère ne quitte pas son visage.

– Qu'est-ce que vous allez faire ? demande-t-il. **Hein**[6], et maintenant ?

– Rien. On attend, c'est tout.

---

1 **d'un coup** – *auf einem Schlag, auf einmal*
2 **taper des poings** – *mit den Fäusten schlagen*
3 **Ça ne sert à rien.** – *Das bringt nichts.*
4 **incassable** – *unzerbrechlich, bruchsicher*
5 **se détendre** – *entspannen*
6 **hein** *(ugs.)* – *hier: und, na*

Sa voix est si calme qu'elle fait **frissonner**[1] Franck.

– Qui êtes-vous ? demande Franck.

– Personne, Franck. Je ne suis personne. Mais j'étais le père de quelqu'un… autrefois. Il y a longtemps.

Franck sent la sueur **couler**[2] le long de sa tête et de sa **poitrine**[3].

– C'est donc ça ? dit-il en **forçant**[4] un nouveau sourire cruel. Quelqu'un a tué votre **gamin**[5] ?

Pour la première fois, le vieil homme **hésite**[6].

– Oui. Il s'appelait David. David Simon.

Franck rit.

– **Espèce d'idiot**[7]. Je n'ai jamais **entendu parler de**[8] lui. Vous venez de faire la plus grosse **erreur**[9] de votre vie.

Franck s'assied sur le banc en marbre et regarde le visage derrière la fenêtre.

– Oh, Marcel, Marcel, Marcel. Qu'avez-vous fait ? Je ne sais pas qui a tué votre garçon, mais ce n'était pas moi.

À travers la fenêtre, le visage du vieil homme de ménage **s'assombrit**[10].

– Vous l'avez tué, Franck. Vous et ces drogues que vous vendez.

– Des drogues ? crie Franck, et il **essuie**[11] la sueur de ses yeux. Je ne vends pas de drogues. Je vends des **biens immobiliers**[12], espèce d'idiot.

---

1 **frissonner** – *erschauern*
2 **couler** – *fließen*
3 **la poitrine** – *Brust*
4 **forcer qc** – *etw erzwingen*
5 **le/la gamin(e)** *(ugs.)* – *Kind, Kid*
6 **hésiter** – *zögern*
7 **espèce d'idiot** – *Idiot*
8 **entendre parler de qn** – *von jdm hören*
9 **l'erreur (f)** – *Fehler*
10 **s'assombrir** – *hier: sich verfinstern*
11 **essuyer qc** – *etw (weg)wischen*
12 **les biens (m Pl) immobiliers** – *Immobilien*

– Oh oui, Franck l'homme d'affaires. Vous croyez vraiment que quelqu'un croit à ces **bêtises**[1] ? Non. Vous êtes le même **sale petit criminel**[2] que vous avez toujours été.

– Je vous interdis de me parler comme ça ! dit Franck en se levant.

Et il **se rue contre**[3] la porte et lui met un coup d'épaule.

Quand la porte bouge, Franck sourit et frappe encore et encore, et son énorme corps fait **trembler**[4] tout le mur.

Finalement, au bout de cinq bonnes minutes, il se laisse de nouveau tomber sur le banc en marbre, le visage tout rouge, le corps **trempé**[5] de sueur.

– C'est tout, Monsieur Bartoli ? C'est tout ce dont vous êtes capable ?

– Je vais vous tuer, **halète**[6] Franck.

– Non, je ne crois pas. Vous voyez, vous n'êtes pas un vrai **tueur**[7]. Un vrai tueur est **patient**[8] et calme. Un vrai tueur suit ses victimes et les observe. Les gens sont des **êtres routiniers**[9], Franck. Un vrai tueur apprend les routines de sa **proie**[10]. Je vous ai suivi pendant **près de**[11] dix ans. Je vous ai observé, j'ai appris à vous connaître. C'est ce que fait un vrai tueur.

– Dix ans ? **Pitoyable**[12]. Votre fils est mort il y a dix ans et vous n'avez rien fait !

---

1 **la bêtise** – *Dummheit; hier: Lüge*
2 **le/la sale petit(e) criminel(le)** – *dreckige(r) Kleinkriminelle(r)*
3 **se ruer contre qc** – *gegen etw stürmen*
4 **trembler** – *hier: beben*
5 **trempé(e)** – *durchnässt*
6 **haleter** – *keuchen*
7 **le/la tueur(-euse)** – *Mörder(in)*
8 **patient(e)** – *geduldig*
9 **l'être (m) routinier** – *Gewohnheitstier*
10 **la proie** – *hier: Opfer*
11 **près de** – *hier: nahezu, fast*
12 **pitoyable** – *hier: erbärmlich, lächerlich*

– J'ai eu l'**opportunité**[1] de vous tuer de nombreuses fois. Je me tenais juste derrière vous, un couteau ou une **corde**[2] à la main. Mais vous ne **méritez** pas **de**[3] mourir comme ça.

– Pitoyable. Même quand je **suis par terre**[4], **à votre merci**[5], vous n'êtes pas capable de le faire.

À la fenêtre, le visage de l'homme de ménage de bouge pas.

Franck rit et regarde la pièce autour de lui. Il réfléchit pour la première fois. Les autres employés seront de retour le matin. Les bains ouvrent à huit heures, sept jours sur sept. Le vieil homme a-t-il un pistolet de l'autre côté de la porte ? Franck n'en est pas sûr, mais il ne le pense pas.

Puis il voit un **seau**[6] brun à moitié rempli d'eau dans un coin du sauna.

– Espèce d'idiot, rit une nouvelle fois Franck. Vous parlez d'être un vrai tueur, mais vous ne vérifiez même pas qu'il n'y a pas d'eau ici !

Il s'approche du seau et le **soulève**[7]. Il doit y avoir environ un litre d'eau dedans. Si le vieil homme n'ouvre pas la porte, Franck pourra utiliser l'eau pour **survivre**[8] jusqu'au matin. Si le vieil homme ouvre la porte… alors Franck Bartoli montrera à cet idiot de quoi exactement un vrai tueur est capable.

Tandis que[9] l'homme de ménage continue à l'observer, Franck **porte le seau à sa bouche**[10] et boit. L'eau est presque aussi chaude que la pièce et a un goût étrangement sucré, mais il y en aura assez pour le **maintenir en vie**[11].

À la fenêtre, le vieil homme recommence à parler.

---

1 **l'opportunité (f)** – *Gelegenheit*
2 **la corde** – *Seil*
3 **mériter de faire qc** – *verdienen etw zu tun*
4 **être par terre** – *am Boden liegen*
5 **à votre merci** – *Ihrer Gnade ausgeliefert, in Ihrer Gewalt*
6 **le seau** – *Eimer*
7 **soulever qc** – *etw hochheben*
8 **survivre** – *überleben*
9 **tandis que** – *während*
10 **porter le seau à sa bouche** – *den Eimer an den Mund setzen*
11 **maintenir qn en vie** – *jdn am Leben erhalten*

– Vous savez comment mon fils est mort ? Vous savez ce que ces horribles drogues lui ont fait ?

Franck prend encore une **gorgée**[1] et **se rassied**[2] sur le banc en marbre.

– Je m'en fiche, **vieillard**[3].

– Ils m'ont dit que c'était la chaleur. Les drogues ont **fait battre**[4] son cœur plus vite, elles ont augmenté sa **tension**[5] et lui ont fait perdre le contrôle de lui-même. Mais c'est la chaleur qui l'a tué.

Le vieil homme se tait et regarde le thermomètre au mur du sauna.

– Comment est la température là-dedans, Monsieur Bartoli ? La chaleur doit être **douloureuse**[6] maintenant. Vous allez bientôt commencer à **avoir la tête qui tourne**[7], puis vous **tomberez dans les pommes**[8].

Franck rit encore une fois.

– Vous êtes vraiment un idiot. Regardez-moi. Regardez mon corps. **On m'a tiré dessus**[9] deux fois, on m'a **poignardé**[10] **une douzaine**[11] de fois. J'ai été dans plus de **bagarres**[12] que je ne peux me rappeler. Vous pensez vraiment que je ne peux pas survivre une nuit dans cette chaleur ? Que c'est ça qui va me tuer ?

Franck boit une nouvelle fois au seau.

---

1 **la gorgée** – *Schluck*
2 **se rassoir** – *sich wieder setzen*
3 **le/la vieillard(e)** – *alter Mann/alte Frau, Alte(r)*
4 **faire battre qc** – *etw schlagen lassen*
5 **la tension** – *hier: Blutdruck*
6 **douloureux(-euse)** – *schmerzhaft*
7 **avoir la tête qui tourne** – *schwindlig werden*
8 **tomber dans les pommes** *(ugs.)* – *in Ohnmacht fallen, umkippen*
9 **On m'a tiré dessus.** – *Man hat auf mich geschossen.*
10 **poignarder qn** – *auf jdn einstechen*
11 **une douzaine** – *etwa zwölf*
12 **la bagarre** – *Schlägerei*

Pendant un moment, le vieil homme ne dit rien. Son visage est sombre et sérieux, et Franck a même l'impression de voir de la tristesse dans ses yeux.

– Non, répond finalement le vieil homme. Mais les drogues que j'ai mises dans l'eau, oui.

– Quoi ? demande Franck, toujours souriant.

– Les mêmes drogues qui ont tué mon fils, mais cent fois plus fortes. Vous en avez bu assez maintenant. Une gorgée **suffirait à**[1] tuer dix hommes **de votre corpulence**[2]. Vous le **sentez**[3] ? Votre cœur **se met-il à**[4] battre plus vite ? Mon fils est mort seul dans un coin dans une horrible **boîte de nuit**[5]. Mais ne vous inquiétez pas, Franck. Vous n'allez pas mourir seul. Je reste ici.

Franck est sur le point de **rire au nez du**[6] vieil homme, mais il sent tout à coup quelque chose d'étrange dans sa poitrine. Et finalement, lorsqu'il ouvre la bouche, c'est un **hurlement de douleur**[7] terrifié qui **emplit**[8] le sauna.

Mais **à part**[9] le vieil homme de ménage, il n'y a personne pour l'entendre.

---

1. **suffire à faire qc** – *genügen, um etw zu tun*
2. **de votre corpulence** – *(mit) Ihrer Statur*
3. **sentir qc** – *hier: etw spüren*
4. **se mettre à faire qc** – *beginnen etw zu tun*
5. **la boîte de nuit** – *Nachtklub*
6. **rire au nez de qn** – *jdm ins Gesicht lachen*
7. **le hurlement de douleur** – *Schmerzensschrei*
8. **emplir qc** – *etw füllen*
9. **à part** – *außer*

→ **Bastia,** die bekannte Hafenstadt im Nordosten Korsikas, ist Sitz der Präfektur des französischen Départements Haute-Corse und die zweitgrößte Stadt der französischen Insel. Mit seinem warmen Wetter und den vielfältigen, traumhaft schönen Landschaften ist Korsika ein kleines Paradies. Man findet dort alles, was das Herz begehrt: türkisfarbenes Wasser, hohe, bewaldete Berge, zerklüftete Klippen mit herrlichen Buchten und ganz viel Sonne. Kein Wunder, dass sich jedes Jahr ca. drei Millionen Touristen dorthin begeben. Bei Motorradfahrern, die einen Riesenspaß daran haben, die kleinen kurvigen Straßen mit Blick aufs Meer entlangzufahren, ist die Insel besonders beliebt. Aber Korsika ist auch noch für eine andere Sache bekannt: seine Mafia. Die organisierte Kriminalität spielt auf der Insel eine große Rolle, unter anderem wegen ihres Einflusses auf die Politik. Aber nicht nur Korruption ist weit verbreitet, auch Betrug Drogenhandel, Erpressung, Geldwäsche, ... und sogar Mord. Korsika hat die höchste Mordrate in Europa, gemessen pro Einwohner.

WORTLISTE

Verwendete Abkürzungen

etw – *etwas*	jdm/jdn/jds – *jemandem/jemanden/jemandes*	Pl – *Plural*
f – *feminin*	m – *maskulin*	ugs. – *umgangssprachlich*

l'abattoir (m)	*Schlachthaus*
l'acajou (m)	*Mahagoni*
l'accès (m)	*Zugang*
l'accoudoir (m)	*Armlehne*
accourir	*herbeieilen*
à distance	*per Fernsteuerung*
admettre qc	*etw zugeben*
adorable	*süß; hier: sehr nett*
afficher qc	*etw anzeigen*
agacer qn	*jdm auf die Nerven gehen*
s'agenouiller	*sich hinknien*
l'agent(e) de bord	*Flugbegleiter(in)*
l'agent(e) de sécurité aérien(ne)	*Flugsicherheitsbegleiter(in)*
aiguisé(e)	*scharf*
l'air (m)	*hier: Gesichtsausdruck*
s'ajouter	*hinzukommen*
alentour	*ringsum*
les alentours (m Pl)	*Umgebung*
l'allée (f)	*hier: Gang*
aller de travers	*schiefgehen, aus dem Ruder laufen*
« Allez l'OL »	*Slogan der Fußballmannschaft von Lyon „Olympique lyonnais"*
allongé(e) par terre	*am Boden liegend*
s'allonger	*sich hinlegen*
s'allonger par terre	*sich auf den Boden legen*
allonger son siège	*seinen Sitz zurücklehnen*
l'altitude (f)	*Höhe*
à ma place	*an meiner Stelle, hier: für mich*
amener qn	*jdn (hin)bringen*
anxieux(-euse)	*unruhig, ängstlich*
à part	*außer*
à peine	*kaum*
apercevoir qc/qn	*etw/jdn erblicken; etw/jdn bemerken*
appartenir à qn	*jdm gehören*
l'appât (m)	*Köder*
s'apprêter à faire qc	*im Begriff sein etw zu tun*
après tout	*schließlich*
après y avoir goûté	*nachdem man einen Vorgeschmack davon hatte*
à quel point	*wie, wie sehr*
l'arête (f) du nez	*Nasenrücken*
l'arme (f)	*Waffe*
l'arme (f) du crime	*Mordwaffe*
(les) armes (f Pl) levées	*hier: mit erhobenen Waffen*
arranger qc	*hier: etw organisieren*
s'arrêter net	*abrupt stoppen*
asperger qc d'eau	*etw mit Wasser bespritzen*
assez	*ziemlich*
s'assombrir	*sich verdunkeln, hier: sich verfinstern*
assurer	*versichern*
attaché(e)	*festgebunden*
atteindre (qc)	*(etw) erwischen, treffen; erreichen*
s'attendre à qc	*etw erwarten*

attendre son tour	darauf warten, dran zu sein	la bagarre	Schlägerei
atterrir	landen	la baie des Trépassés	Bucht der Verstorbenen
attirer qc/qn	hier: etw/jdn anlocken, etw/jdn herlocken	les bains (m Pl) publics	öffentliches Bad, öffentliche Badeanstalt
l'auberge (f)	Gasthaus	le baiser	Kuss
au bout d'un moment	nach einer Weile	baisser le son	leiser machen
au fait	übrigens	balafré(e)	vernarbt
au fil des années	über die Jahre	balayer qc	hier: etw absuchen, etw abscannen
au fin fond de la Bretagne	im hintersten Winkel der Bretagne	la balle	hier: Kugel
au fur et à mesure	nach und nach	la banquette arrière	Rückbank
au passage	hier: im Vorbeigehen	le barman	Barkeeper
à un moment donné	irgendwann	barrer qc	hier: etw durchstreichen
auparavant	zuvor		
autoriser qc	etw erlauben	le battant	hier: Tür
au visage rougeaud	rotgesichtig	battre	schlagen
aux abords	in unmittelbarer Nähe	bavard(e)	redselig
		le bazar (ugs.)	Chaos, Unordnung
avaler qc	etw (ver)schlucken	la benne à ordures	Müllcontainer
avant que tu puisses (subjonctif)	bevor du kannst	la besogne	hier: Arbeit
		la bêtise	Dummheit; hier: Lüge
avec précaution	vorsichtig	bien	hier: doch
avenant(e)	hier: freundlich	bien joué (ugs.)	gut gemacht
avoir du mal à en croire ses yeux	seinen Augen kaum trauen können	les biens (m Pl) immobiliers	Immobilien
avoir du mal à faire qc	Schwierigkeiten haben etw zu tun	bizarre	komisch
		la blague	Scherz
avoir l'air	aussehen, wirken	la boîte de nuit	Nachtklub
avoir la chair de poule	eine Gänsehaut haben	le bon sens	gesunder Menschenverstand
avoir la moindre idée de qc	die leiseste Ahnung von etw haben	le/la bookmaker	Buchmacher(in)
		le boucan (ugs.)	Höllenlärm
avoir la nausée	übel sein	les boucles (f Pl)	Locken
avoir la tête qui tourne	schwind(e)lig sein, schwind(e)lig werden	le bouton caché	versteckter Knopf
		la brasserie	hier: Café-Restaurant
avoir le tournis	schwind(e)lig sein	le briquet	Feuerzeug
avoir qc sur soi	etw bei sich haben	se briser	zerbrechen
avoir raison	recht haben	la broderie	Stickerei
avoir tort	unrecht haben	la broutille	Lappalie
avoir un peu de mal	Schwierigkeiten haben	le but	Ziel
		le cadavre	Leiche
avoir une liaison	eine Affäre haben, fremdgehen	le cadavre d'animal	Tierkadaver
		le cadenas	Vorhängeschloss
à votre merci	Ihrer Gnade ausgeliefert, in Ihrer Gewalt	la caféine	Koffein
		calculer	rechnen
la bâche	Abdeckplane	le calice de la mort	grüner Knollenblätterpilz (wörtlich „Kelch des Todes")
le badge	Dienstmarke; Namensschild		

le calmant	Beruhigungsmittel	claquer la langue	mit der Zunge schnalzen
la caméra de surveillance	Überwachungskamera	le clergé	Klerus, Geistliche
la camionnette	Kleinlaster, Transporter	le clignotant	Blinker
		la cochonne (ugs.)	Sau, hier: Miststück
la Canebière	Straße in Marseille	le cœur battant	mit Herzklopfen
Ça ne craint rien de faire qc...?	hier: Ist es sicher etw zu tun...?	se cogner qc (à qc)	sich etw (an etw) stoßen
Ça ne fait pas de mal.	hier: Es schadet nicht.	la coïncidence	Zufall
Ça ne prendra qu'une minute.	Es wird nur eine Minute dauern.	le col	Kragen
		le/la collectionneur(-euse)	Sammler(in)
Ça ne sert à rien.	Das bringt nichts.	la colline	Hügel
le carnet	Notizbuch, Heft	la combinaison	hier: Overall
le carreau	Fliese	le commissariat	Polizeirevier
carrément (ugs.)	hier: unbedingt, absolut, total	le compartiment de première classe	Erste-Klasse-Kabine
le casier	Schließfach	se comporter	sich verhalten
le cauchemar	Albtraum	comprendre qc	hier: aus etw bestehen
Ça y est.	hier: Das war's.		
ce n'est pas ce à quoi...	das ist nicht das, was...	compter	zählen
		le comptoir	Theke
Cela suffisait.	Es reichte.	condamné(e)	verurteilt
le cendrier	Aschenbecher	la condensation	Kondenswasser
certain(e)	manche(r, s)	la confession	hier: Geständnis
certes	gewiss, sicher	confier qc à qn	jdm etw anvertrauen
la cervelle	Hirn	les conneries (f Pl) (ugs.)	Quatsch, Blödsinn
C'est bien ça?	Ist das so?, Richtig?		
C'est mon tour.	Ich bin dran.	conscient(e)	bewusst
C'est mon truc. (ugs.)	Das ist mein Ding.	conserver soigneusement qc	etw sorgfältig aufbewahren
C'est parti. (ugs.)	Los geht's.		
C'est terminé.	Es ist vorbei.	le container métallique	Metallbehälter, Metallcontainer
la chair	Fleisch		
la chaleur	Hitze	contempler qc	etw betrachten; etw bewundern
le chantier	Baustelle		
la charcuterie	Wurst(waren); Wurstfabrik, Fleisch- und Wurstwarenherstellung	le contenu	Inhalt
		contourner qc	um etw herumgehen
		contrarié(e)	verärgert
		la contrefaçon	Fälschung
		convaincu(e)	hier: sicher, überzeugt
charger qc	hier: etw verladen		
le chariot	Handwagen; Wagen, Karren	la corde	Seil
		corpulent(e)	korpulent, beleibt
chauve	glatzköpfig	costaud(e) (ugs.)	hier: muskulös, stark
chuchoter	flüstern	la côte raide	steiler Hang
la chute	Sturz	couler	fließen
la cicatrice	Narbe	le coup	Schlag
le cidre	Cidre, Apfelschaumwein	coupable	schuldig
		le coup de feu	Schuss
la cinquantaine	hier: ca. 50 Jahre alt	le coup de klaxon	Hupen
la clairière	Lichtung	la coupure	Schnittwunde
clairsemé(e)	spärlich	la cour	hier: Gericht

la courbe de sa nuque	Wölbung ihres/ seines Nackens	dégueulasser (ugs.)	verdrecken
la couverture	Umschlag, Deckel; Decke	démarrer	den Motor starten; den Motor anlassen
couvrir qc	etw bedecken	se démener	hier: sich abmühen
cracher	spucken	de par le monde	durch die ganze Welt
le crâne chauve	Glatzkopf, Glatze	la départementale	Landstraße
craquelé(e)	rissig	déplacer qc	etw bewegen, etw an einen anderen Ort bringen
créer la panique	Panik auslösen		
le crépuscule	Abenddämmerung		
se creuser la tête	sich den Kopf zerbrechen	déplaisant(e)	unangenehm
		déposer qn	jdn absetzen
le crime organisé	das organisierte Verbrechen	de quoi il retourne	worauf es hinausläuft
le crime passionnel	Verbrechen aus Leidenschaft	déranger qn	jdn stören
		se dérober	hier: versagen
le crissement de pneus	Quietschen der Reifen	déroutant(e)	verwirrend
		dérouter qn	hier: jdn verwirren, jdn fehlleiten
le crochet	Haken		
la croisière	Kreuzfahrt	le désagrément	Unannehmlichkeit
cruel(le)	grausam	désarticulé(e)	ausgerenkt, verrenkt
cupide	geldgierig	désespéré(e)	verzweifelt
d'ailleurs	übrigens	désormais	nunmehr, ab jetzt, von nun an
d'allure fragile	gebrechlich aussehend		
		se détendre	entspannen
dans le coin	in der Umgebung, in der Gegend	détendu(e)	entspannt
		le/la détenu(e)	Häftling, Gefangene(r)
le dé	Würfel		
le débardeur	ärmelloses T-Shirt	la détermination	Entschlossenheit
débarquer (ugs.)	hier: aufkreuzen	déterminé(e)	entschlossen
se débarrasser de qc	etw loswerden	se détourner (de qc)	sich (von etw) abwenden
débordé(e)	hier: überlastet		
déborder de qc	hier: aus etw herausquellen	détourner qc	hier: etw abwenden
		la dette	Schuld(en)
les débris (m Pl)	Trümmerteile	la devanture	hier: Schaufenster
se débrouiller	zurechtkommen	déverrouiller qc	etw entriegeln, etw aufschließen
la déception	Enttäuschung		
décevant(e)	enttäuschend	Devine quoi!	Rate mal!
décevoir qn	jdn enttäuschen	deviner (qc)	(etw) raten
déchirer le ciel	hier: den Himmel durchzucken	dévisager qn	jdn mustern
		devoir qc à qn	jdm etw schulden
déclarer forfait	aufgeben	dévorer qc	etw fressen, etw verschlingen
le décollage	Start		
se découvrir un amour pour qc	seine Liebe für etw entdecken	de votre corpulence	(mit) Ihrer Statur
		d'habitude	gewöhnlich
déçu(e)	enttäuscht	la direction opposée	Gegenrichtung
défiler devant ses yeux	vor den (eigenen) Augen vorbeiziehen	dis donc	sag mal
		disparaître	verschwinden
		la disparition	Verschwinden
déformer qc	hier: etw verzerren	dissimuler qc	etw verbergen, etw verstecken
dégager une légère odeur de qc	einen zarten Duft von etw verbreiten		

dissiper qc	hier: etw auflösen
dissoudre qc dans de l'acide	etw in Säure auflösen
distinguer qc	etw erkennen
la distraction	Ablenkung
distraire qn	jdn ablenken
divaguer	hier: (mit den Gedanken) abschweifen
divorcer	sich scheiden lassen
le dossier	Rücklehne; Aktenordner
la douane	Zoll
le double	hier: Kopie, Zweitschlüssel
doué(e)	begabt
la douleur	Schmerz
douloureux(-euse)	schmerzhaft
du coin	in der Umgebung
du coin de l'œil	aus den Augenwinkeln (heraus), aus dem Augenwinkel
du moins	zumindest
d'un côté	einerseits
d'un coup	auf einem Schlag, auf einmal
d'un trait	in einem Zug
l'eau-de-vie (f)	Branntwein, Schnaps
s'échapper	hier: herauskommen
l'échelle (f)	Leiter
l'échiquier (m)	Schachbrett
l'éclair (m)	Blitz(strahl)
éclater	ertönen
économiser qc	etw sparen
écraser	hier: zerquetschen
l'écriture (f) peu soignée	schlampige Schrift
l'écrivain(e)	Schriftsteller(in)
s'effondrer	zusammenbrechen
s'effriter	(zer)bröckeln, wegbröseln
l'égout (m)	Gully
s'élever	hier: zu hören sein
éliminer qc	hier: etw entfernen
s'éloigner	weggehen
s'empêcher de faire qc	sich etw verkneifen
empêcher qn de faire qc	jdn daran hindern etw zu tun
empli(e) de peur	angsterfüllt
empli(e) de terreur	angsterfüllt, voller Entsetzen
emplir qc	etw füllen
en contrebas	unterhalb
s'en ficher (ugs.)	sich nichts draus machen; egal sein
en fin de compte	schließlich
en forme de demi-cercle	halbkreisförmig
s'enfuir	fliehen
engager la conversation	ein Gespräch beginnen
enlevé(e)	hier: weggenommen
l'enlèvement (m)	Entführung
enlever qc à qn	hier: jdm etw ausziehen
enlever qn	hier: jdn entführen
en lieu sûr	in Sicherheit, an einen sicheren Ort
en liquide	bar
en mettre de partout	alles verschmutzen
en panne	defekt
en plein milieu de nulle part	mitten im Nirgendwo
l'enquête (f)	Ermittlung
l'enquêteur(-trice) (m/f)	Ermittler(in)
enroulé(e)	gewickelt
en sanglots	schluchzend, unter Tränen
en sécurité en sa possession	sicher in seinem Besitz
l'enseigne (f)	hier: Restaurantschild
s'en sortir	hier: davonkommen
entailler la peau à qn	jdm eine Schnittwunde zufügen
en temps normal	normalerweise, zu normalen Zeiten
entendre parler de qn	von jdm hören
enterrer qn	jdn begraben
en tout cas	hier: jedenfalls
en trombes	in Strömen
entrouvrir qc	etw ein wenig öffnen
en vain	vergeblich
les environs (m Pl)	Umgebung
s'envoler	sich in Luft auflösen; wegfliegen, davonfliegen
épais(se)	dick
éponger la sueur	den Schweiß abwischen

l'épuisement (m)	Erschöpfung
l'équilibre (m)	Gleichgewicht
l'erreur (f)	Fehler
l'erreur (f) de débutant	Anfängerfehler
escorter	begleiten
l'escroc (m)	Betrüger(in)
Espèce d'idiot! (ugs.)	Idiot!; hier: Ich Idiot!
l'espionnage (m) industriel	Wirtschaftsspionage
l'esprit ailleurs	mit dem Kopf woanders
l'esprit confus	hier: konfus, verwirrt
l'essence (f)	Benzin
essuyer qc	etw (weg)wischen
étalé(e)	ausgebreitet
éteindre le moteur	den Motor abschalten
l'étendue (f)	hier: Fläche
étrange	seltsam
l'être (m) routinier	Gewohnheitstier
être à la hauteur des espérances de qn	jds Erwartungen entsprechen
être amaigri(e)	hier: eingefallen sein
être après qn	hinter jdm her sein
être au courant	Bescheid wissen
être broyé(e)	zerkleinert werden
être conscient(e) de qc	sich etw bewusst sein
être divulgué(e)	bekannt gegeben werden
être empli(e) de qc	von etw erfüllt sein
être en mesure de faire qc	in der Lage sein etw zu tun
être en rapport avec qc	mit etw zu tun haben
être impliqué(e)	beteiligt sein, mit drinstecken
être obligé(e) de faire qc	etw tun müssen, verpflichtet sein etw zu tun
être par terre	am Boden liegen
être pris(e)	hier: geschnappt werden
être retraité(e)	im Ruhestand sein
être suivi(e)	verfolgt werden
être sur le point de faire qc	im Begriff sein etw zu tun; kurz davor sein etw zu tun
être utile à qn	hier: jdm helfen
s'évanouir	hier: verschwinden
éveillé(e)	wach
éviter qc	etw vermeiden
examiner qc	etw mustern; etw überprüfen, etw genau ansehen
s'exorbiter	hervorquellen
explorer qc	etw erkunden
faciliter la tâche à qn	jdm die Sache erleichtern
faible	schwach
faire attention à qn	hier: jdm Aufmerksamkeit schenken
faire battre qc	etw schlagen lassen
faire bouillir le sang dans les veines de qn	jds Blut in Wallung bringen
faire du bien à qn	jdm guttun
faire du commerce	handeln
faire en sorte que	dafür sorgen, dass
faire face à qc	sich etw gegenübersehen
faire glisser qc	hier: etw schieben
faire pitié à qn	jdm leidtun
faire prendre conscience à qn	jdm bewusst machen
se faire remarquer	auffallen
faire volteface	eine Kehrtwendung machen
familier(-ière)	vertraut
la faveur	Gefallen, Gefälligkeit
le fer à repasser	Bügeleisen
ferme	hier: fest
fichu(e) (ugs.)	hier: verflixt
filer	hier: rasen
fixer	hier: anstarren
fixer des poids à qc	Gewichte an etw hängen
fixer l'obscurité	in die Dunkelheit starren
flageoler	schlottern
le/la flic (ugs.)	Polizist(in), Bulle
flou(e)	hier: vage, unklar
focaliser son regard	seinen Blick fokussieren
le/la fonctionnaire gouvernemental(e)	Regierungsbeamter, -beamtin
la fontaine	Springbrunnen
forcer qc	etw erzwingen
forcer qn à faire qc	jdn zwingen etw zu tun
le fou	hier: Läufer (beim Schach)
fou/folle de haine	blind vor Hass

fouiller qc	etw durchsuchen	le hublot	Seitenfenster
le fourneau	Küchenherd	le hurlement	hier: Heulen
se fracasser	zertrümmert werden, zerspringen	le hurlement de douleur	Schmerzensschrei
la fracture	Bruch; Knochenbruch	hurler	brüllen
fragile	gebrechlich	ici présent(e)	hier anwesend
le franc Pacifique	Währung in Neukaledonien	l'idiot(e) de service (ugs.)	Trottel, Depp vom Dienst
franchement	mal ehrlich, also wirklich	Il le fallait.	hier: Ich musste es tun.
franchir qc	hier: etw passieren	Il se prend pour qui, celui-là?	Für wen hält er sich nur?
frapper qn	jdn schlagen	il vaut mieux	es ist besser
le frein à main	Handbremse	l'imbécile (m/f)	Idiot(in)
freiner d'un coup sec	ruckartig bremsen	immaculé(e)	hier: ohne Spuren, ohne (Finger)abdrücke
frissonner	zittern, erschauern		
se frotter	sich reiben		
le/la gamin(e) (ugs.)	Kind, Kid	l'immensité (f)	unermessliche Weite
garder qn dans sa ligne de mire	jdn im Visier behalten	s'immobiliser	hier: stehen bleiben
		l'impact (m)	hier: Einschuss
gêné(e)	hier: verlegen	incapable	unfähig
le gilet pare-balles	schusssichere Weste	incassable	unzerbrechlich, bruchsicher
glisser	rutschen		
la gorgée	Schluck	indescriptible	unbeschreiblich
le grand soir	hier: der (betont) Abend	l'indice (m)	Hinweis, Anhaltspunkt, Spur
gribouillé(e)	gekritzelt	l'individu (m)	Person, Gestalt
la grille	Torgitter	infliger à qn	jdm antun
l'habitant(e) du coin	Einheimische(r)	l'ingrédient (m)	Zutat
l'haleine (f)	Atem	l'inquiétude (f)	Sorge
haleter	keuchen	l'insomnie (f)	Schlaflosigkeit
hausser les épaules	mit den Achseln zucken, mit den Schultern zucken	insouciant(e)	sorglos
		l'instinct (m) de survie	Überlebensinstinkt
hausser les sourcils	die Augenbrauen hochziehen	l'interphone (m)	Sprechanlage
		interrompre	unterbrechen
haut de gamme	hochwertig, hier: teuer	intimidant(e)	einschüchternd; bedrohend
hein? (ugs.)	oder?; und?, na?	intimider qn	jdn einschüchtern, jdm Angst einjagen
le héros/l'héroïne (f)	Held(in)		
hésiter (brièvement)	(kurz) zögern		
l'heure sup' (f) (ugs.)	Überstunde	l'intrus(e)	Eindringling
heurter qc	auf etw prallen; gegen etw stoßen	je dirais	würde ich sagen
		jeter un (coup d') œil à qc/qn	einen Blick auf etw/ jdn werfen
hocher la tête	nicken		
l'homme (m) de ménage, la femme de ménage	Reinigungskraft	Je vous l'accorde.	Ich gebe es zu.
		la joue	Wange
		jouer les gros bras	die Rolle des Schlägers übernehmen
honnête	ehrlich		
hors de vue	außer Sichtweite	jurer tout bas	leise fluchen
l'hôte (m/f)	Gastgeber(in)	le/la kidnappeur(-euse)	Entführer(in)
l'hôtesse (f) de l'air	Flugbegleiterin		

—121—

WORTLISTE

laisser échapper qc	etw ausstoßen; sich etw nicht verkneifen können	mener	ausführen, durchführen
se laisser prendre	sich fangen lassen	les menottes (f Pl)	Handschellen
laisser qc en marche	etw laufen lassen	le mensonge	Lüge
laisser qn tranquille	jdn in Ruhe lassen	mentionner qc	etw erwähnen
le lambig	bretonische Spirituose aus Cidre hergestellt	mériter de faire qc	verdienen etw zu tun
		le Met (Metropolitan Museum of Art)	Kunstmuseum in New York
la lame	Klinge	méticuleux(-euse)	sorgfältig
lancer un regard cupide à qc	einen gierigen Blick auf etw werfen	se mettre à faire qc	beginnen etw zu tun
		mettre la main sur qc	an etw herankommen
le lard	Speck	mettre qc en marche	etw in Gang setzen
la larme	Träne	mettre qn en échec et mat	jdn schachmatt setzen
Le silence s'installe.	Es wird still.		
la Légion étrangère	Fremdenlegion	mettre un coup de tête à qn	jdm einen Kopfstoß geben
lever qc	hier: etw erheben		
le levier	Hebel	mi-conscient(e), mi-inconscient(e)	halb bei Bewusstsein, halb bewusstlos
limpide	hier: klar		
livide	blass	la mine	hier: Gesichtsausdruck
localiser qc	etw orten		
loin de là	ganz im Gegenteil	la mise en garde	Warnung
lorsque	wenn	moche (ugs.)	hässlich
ma chair et mon sang	mein Fleisch und Blut	modifier qc	etw verändern
		la montre à gousset	Taschenuhr
le magasin d'occasion	Secondhandladen	la morsure de requin	Bisswunde eines Hais
		mouillé(e)	nass
maintenir qn en vie	jdn am Leben erhalten	le mouvement	Bewegung
		murmurer	murmeln
Mais bien sûr! (ugs.)	Ja klar!, Aber sicher doch!	musqué(e)	moschusartig
		n'avoir rien le temps de faire	keine Zeit haben, irgendetwas zu machen
le/la maître-chanteur(-euse)	Erpresser(in)		
		ne pas avoir de souci à se faire	sich keine Sorgen machen sollen
malfaisant(e)	böse		
malin/maligne	schlau	ne pas avoir l'air bien	krank aussehen
le maquillage	Make-up, Schminke	ne pas avoir l'air dans son assiette (ugs.)	sich schlecht fühlen, nicht gut aussehen
le marbre	Marmor		
marcher	hier: funktionieren, klappen		
		ne (pas) pouvoir s'empêcher de faire qc	nicht umhinkönnen etw zu tun
marcher sur les pieds de qn (ugs.)	jdn ausnutzen, jdm auf der Nase herumtanzen		
		ne servir à rien	nichts bringen, zu nichts führen
la marée	Gezeiten, hier: Flut		
marmonner (qc)	(etw) murmeln, (etw) brummeln	Ne soyez pas trop long!	Bleiben Sie nicht zu lange weg!
marrant(e)	hier: komisch	Ne vous en faites pas.	Machen Sie sich keine Sorgen.
le masque de sommeil	Schlafmaske		
se maudire	sich verfluchen	n'importe qui d'autre	irgendjemand anders
médiéval(e)	mittelalterlich	nos amis belges	unsere belgischen Freunde (ironischer Spitzname für die Belgier)
mêlé(e)	hier: involviert		
se mêler à qc	sich mit etw mischen		
menacer qn	jdn bedrohen		

le/la notaire	Notar(in)
nouer l'estomac à qn	jdm den Magen zuschnüren
Nous y voilà.	Da sind wir nun.
nulle part	nirgendwo
le numéro d'immatriculation	Autokennzeichen
la nuque	Nacken
l'objet (m) de famille	Erbstück
obliger qn à faire qc	jdn zwingen etw zu tun
l'obscurité (f)	Dunkelheit
obtenir qc	etw erhalten, etw bekommen
l'odeur (f)	Geruch
On dirait que...	Es sieht ganz so aus, als ob ...
On m'a tiré dessus.	Man hat auf mich geschossen.
On se croirait...	Man könnte meinen, man wäre ...
l'opportunité (f)	Gelegenheit
l'ordre (m)	Befehl
ouais (ugs.)	hier: ja
les outils (m Pl)	Werkzeug
pâle	blass
palpitant(e)	aufregend
le panneau d'accès	Zugangsklappe
les papiers (m Pl)	hier: Dokumente, Papiere
le parachute	Fallschirm
parcourir qc	hier: etw zurücklegen
par-dessus	über ... hinweg
le pare-brise	Windschutzscheibe
le/la parfait(e) inconnu(e)	vollkommen Fremde(r)
par hasard	zufällig
parier	wetten
parler plus bas	leiser sprechen
par un temps pareil	bei so einem Wetter
parvenir à la conclusion que	zu dem Schluss kommen, dass; schlussfolgern, dass
le pas	Schritt
le pas de la porte	Türschwelle
pas grand-chose	nicht viel
pas tout à fait	nicht ganz
passer	hier: vorüberziehen
la passion	Leidenschaft
le/la pasteur(e)	Pfarrer(in)
patient(e)	geduldig
la peau	Haut
le/la pêcheur(-euse)	Fischer(in)
se pencher	sich beugen; sich nach vorn beugen
pendu(e)	aufgehängt
perdre connaissance	in Ohnmacht fallen, das Bewusstsein verlieren, bewusstlos werden
perdu(e)	hier: verwirrt
permanent(e)	kontinuierlich
permettre de faire qc	(es) ermöglichen etw zu tun
le personnel de cabine	Kabinenbesatzung
la perte	Verlust
le/la petit(e) ami(e)	(fester) Freund/ (feste) Freundin
le phare	hier: Scheinwerfer
la photo instantanée	Sofortbild
la pièce manquante	fehlendes Stück
pincer qc	etw zwicken, etw kneifen
(le) pistolet au poing	mit der Pistole im Anschlag
pitoyable	hier: erbärmlich, lächerlich
se plaindre	sich beschweren
le plan en béton (ugs.)	perfekter, todsicherer Plan
planter qc	hier: etw stechen
plein(e) d'imagination	fantasievoll, einfallsreich
plonger qc dans qc	hier: etw in etw stecken
la poche de poitrine	Brusttasche
la pochette cartonnée	Pappumschlag
la poêle	Pfanne
le poids plume	Fliegengewicht
poignarder qn	auf jdn einstechen
le poignet	Handgelenk
le poing	Faust
la pointe	Landspitze
pointé(e) sur qn	auf/gegen jdn gerichtet
pointu(e)	spitz
la poitrine	Brust
le polar (ugs.)	Krimi
la porte d'embarquement	Flugsteig
la porte du fond	Hintertür
porter le seau à sa bouche	den Eimer an den Mund setzen

la portière	hier: Autotür
posséder qc	etw besitzen
la posture	Körperhaltung
le/la pote (ugs.)	Kumpel, Freund(in)
pour son bien	zu ihrem/seinem Besten
pousser le bouchon (un peu loin)	(ein bisschen) zu weit gehen
pousser qn	jdn schubsen; jdn schieben
pousser qn à bout	jdn strapazieren; jdn an seine Grenzen bringen
pousser un juron	fluchen
la poussière	Staub
pratiquement inutile	so gut wie nutzlos
le pré	Wiese, Feld
précédent(e)	vorige(r, s), vorherige(r, s), vorhergehende(r, s)
prendre goût à qc	auf den Geschmack kommen; Gefallen an etw finden
prendre l'air	ein wenig frische Luft schnappen
prendre le dessus	die Oberhand gewinnen
prendre qn dans ses bras	jdn umarmen, jdn in den Arm nehmen
prendre qn pour un(e) idiot(e)	jdn für dumm verkaufen
prendre un risque	ein Risiko eingehen
prendre une profonde inspiration	tief einatmen
près de	hier: nahezu, fast
la présence	Anwesenheit
le/la présentateur(-trice)	Nachrichtensprecher(in), Moderator(in)
présenter le/un risque	das/ein Risiko darstellen
la pression	hier: Luftdruck
le/la prêteur(-euse) sur gages	Pfandleiher(in)
prévenir qn de qc	jdn vor etw warnen
le prix d'ami	Freundschaftspreis
se procurer qc	sich etw beschaffen
la proie	hier: Opfer
promettre à qn	jdm versprechen
la propriété	hier: Anwesen, Besitz
prouver	beweisen
prudent(e)	vorsichtig
psychotique	geisteskrank
puis-je (besondere Frageform)	kann ich
Qu'est-ce qui ne tourne pas rond chez vous ? (ugs.)	Was stimmt nicht mit Ihnen?
que ce soit (subjonctif)	dass es ... ist
que je n'aie pas hésité	dass ich nicht gezögert habe
les quelques hommes	die wenigen Männer
quiconque	hier: irgendjemand; jede(r) andere
qu'importe	was soll's; es spielt doch keine Rolle
la quinte de toux	Hustenanfall
quoi que ce soit	irgendetwas
raccrocher	(den Hörer) auflegen
se raccrocher à qc	sich an etw festhalten, sich an etw klammern
le raffinement	Feinheit, die feine Welt
se raidir	sich anspannen, sich verkrampfen
ralentir	hier: langsam(er) werden, verlangsamen; langsamer fahren
ralentir qc	hier: etw (ab)bremsen
rallumer qc	etw wieder einschalten
ramasser qc	etw aufheben
ramener qn	jdn zurückbringen
se rapprocher de qn	sich jdm nähern
se rasseoir	sich wieder (hin)setzen
le/la ravisseur(-euse)	Entführer(in)
le rebord	hier: Kante
recouvrir qn	jdn bedecken
rectangulaire	rechteckig
récupérer qc	etw abholen, etw zurückholen; etw wiederhaben
redécorer qc	hier: etw neu renovieren
redescendre	hier: sich zurück in Richtung Süden begeben
réduire qc	etw verringern
le réduit	hier: Kammer
le reflet	Spiegelbild

refroidir	abkühlen
régner	herrschen
le relais	hier: Gasthof
se relever	wieder aufstehen
rembourser qn	jdm Geld zurückzahlen
le remontant	hier: Getränk zur Stärkung
se rendre compte de qc	etw merken
se rendre compte que	hier: bemerken, dass
rendre justice à qc	hier: etw gerecht werden
rendre qc	etw zurückgeben
rendre qc célèbre	etw berühmt machen
rendre service à qn	hier: jdm behilflich sein
repousser qn	hier: jdn abwehren, jdn wegstoßen
la réputation	Ruf
réservé(e)	zurückhaltend
résister à qc	etw widerstehen
résonner	hallen; ertönen
résoudre qc	etw lösen
la responsabilité	Verantwortung
ressentir qc	etw empfinden
resservir qn	jdm noch einmal einschenken
retourner	zurückgehen
retourner à qc	hier: sich wieder auf etw konzentrieren
se retrouver en difficultés	in Schwierigkeiten geraten
le rétroviseur	Rückspiegel
revenir à qn	hier: jdm zufallen
ridé(e)	faltig
ridicule	lächerlich
rire au nez de qn	jdm ins Gesicht lachen
risquer de faire qc	etw tun können
ronfler	schnarchen
rougeoyant(e)	rötlich
se ruer contre qc	gegen etw stürmen
se ruer sur qc	sich auf etw stürzen
ruiné(e)	hier: ruiniert
sachant que	wohl wissend, dass
le sachet	Tüte
sacrément (ugs.)	wahnsinnig
saisir qc	nach etw greifen
saisir qn	hier: jdn packen
le/la sale petit(e) criminel(le)	dreckige(r) Kleinkriminelle(r)
le salopard (ugs.)	Schweinehund
sangloter	schluchzen
sans grande difficulté	ohne große Mühe
sans relâche	unermüdlich
se satisfaire de qc	sich mit etw begnügen
sauf si	außer (wenn)
sauter dessus (ugs.)	auf die Pelle rücken
sauver qn	jdn retten
savourer qc	etw genießen
le scénario	Szenario
le seau	Eimer
sécher (ugs.)	hier: die Ideen ausgehen
secouer la tête	den Kopf schütteln
le secret d'État	Staatsgeheimnis
séduisant(e)	attraktiv, bezaubernd
séjourner	sich aufhalten
le sentier	Pfad
sentir qc	hier: etw spüren
se serrer	enger zusammenrücken
serrer qc	hier: etw schütteln
le Service Canadien du Renseignement de Sécurité (SCRS)	Nachrichtendienst der kanadischen Regierung
se servir de qn	jdn ausnutzen
se servir qc	hier: sich etw einschenken
si besoin	nötigenfalls, bei Bedarf
si je peux me permettre	hier: wenn ich es sagen darf
le siège	Sitz
siffler	pfeifen
le silencieux	Schalldämpfer
soit... soit...	entweder ... oder ...
la soixantaine	etwa sechzig Jahre alt
le soleil couchant	untergehende Sonne
sombrer dans le sommeil	einschlafen, in den Schlaf sinken
le sommet	Gipfel; hier: Höhe
le son	Laut; Geräusch
sortir qn	hier: jdn fortbringen
le souffle coupé	mit stockendem Atem
souffler à qn	hier: jdm einflüstern
souffrir du décalage horaire	unter der Zeitverschiebung leiden
soulever qc/qn	etw/jdn hochheben
soupçonner	vermuten

le soupir	Seufzer	tapoter	tippen
soupirer bruyamment	laut seufzen	télécharger qc	etw hochladen
sourire de toutes ses dents	breit lächeln	la télécommande	Fernbedienung
le/la sous-chef	stellvertretende(r) Küchenchef(in), Souschef(in)	le téléphone portable prépayé	Prepaidhandy
		le témoin	Zeuge/Zeugin
sous-estimer qn	jdn unterschätzen	la tempête	Sturm, Unwetter
sous tous les angles	von allen Seiten	tendre qc	hier: etw halten
la soute	Frachtraum	tendre qc à qn	jdm etw reichen
soutirer qc à qn	jdm etw aus der Tasche ziehen	Tenez.	Schauen Sie.
		se tenir (debout)	stehen
spirituel(le)	geistlich	tenir la tête à qn	jds Kopf festhalten
la statuette	kleine Statue	tenir qn	jdn in der Hand haben, Macht über jdn haben
suer sang et eau	sich abrackern, Blut und Wasser schwitzen		
		tenir qn pour acquis(e)	jdn für selbstverständlich halten
la sueur	Schweiß		
suffire à faire qc	reichen etw zu tun, genug sein/ genügen, (um) etw zu tun	la tension	hier: Blutdruck
		tenter de faire qc	versuchen etw zu tun
		tenter qc	etw versuchen
suffisant(e)	ausreichend	le terminus	Endstation
suggérer	vorschlagen	terrifiant(e)	angsteinflößend
suivre qn	jdm folgen	terrifié(e)	erschrocken, angsterfüllt
le/la supérieur(e)	Vorgesetzte(r)		
supposer qc	etw annehmen	tiens	hier: he da, hier
sûr(e) de soi	selbstsicher	tirer qc	hier: etw herziehen
surexposé(e)	überbelichtet	tirer qn de ses souvenirs	jdn aus seinen Erinnerungen reißen
la surface	Oberfläche		
sur le déclin	hier: abgehalftert	tomber dans les pommes (ugs.)	in Ohnmacht fallen, umkippen
sur place	vor Ort		
surveiller qc	etw überwachen; auf etw aufpassen	le torchon	Geschirrtuch
		tortueux(-euse)	verwinkelt; verschlungen
survivre	überleben		
le/la suspect(e)	Verdächtige(r)	toucher à sa fin	sich dem Ende zuneigen
suspecter (qc)	(etw) verdächtigen		
synonyme	synonym, gleichbedeutend	tout à fait	genau, richtig
		tout d'abord	zunächst
le tableau	hier: Gemälde	tout le tintouin (ugs.)	all der Rest; alles, was dazu gehört
le tableau de commande	Steuerpult, Kontrolltafel		
		la trace d'effraction	Einbruchsspur
le tablier	Schürze	traîner qc	etw schleifen, etw ziehen
le tabouret de bar	Barhocker		
la taille	hier: Größe	traiter qn de qc	jdn als etw beleidigen, jdn als etw beschimpfen
se taire	schweigen; verstummen		
tandis que	während		
tanné(e)	wettergegerbt	le trajet	Strecke
taper	hier: klopfen	transpercer	durchstechen
taper des poings	mit den Fäusten schlagen	transpirer	schwitzen
		transporter qc clandestinement	etw schmuggeln
		traquer qc	etw verfolgen

traverser l'esprit de qn	jdm durch den Kopf gehen	veiller à qc	auf etw achten, über etw wachen
trembler	hier: beben	vénéneux(-euse)	giftig
trembler de colère	vor Wut zittern	venir à l'esprit de qn	jdm einfallen
trempé(e) (par la pluie)	(vom Regen) durchnässt	vérifier (qc)	(etw) überprüfen, (etw) kontrollieren
le tribunal	Gericht		
trinquer à qc	auf etw anstoßen	verrouiller	verriegeln
se tromper	falsch liegen, sich täuschen, sich irren	le vestiaire	Umkleideraum
		la vidéo de surveillance	Überwachungsvideo
trouver refuge	Zuflucht finden	se vider	sich leeren, leer werden; auslaufen
tuer qn	jdn töten		
le/la tueur(-euse)	Mörder(in)	le/la vieillard(e)	alter Mann/alte Frau, Alte(r)
le tuyau	Rohr		
un bref instant	für einen kurzen Augenblick	la vieille bique (ugs.)	alte Ziege, Schabracke
Une bagarre a éclaté.	Eine Schlägerei ist ausgebrochen.	vif(-ve)	hier: hell
		le vignoble	Weinberg
une centaine	etwa hundert	vilain(e)	hier: unartig, ungezogen
une cinquantaine	etwa fünfzig		
une dizaine	etwa zehn	la ville d'origine	Heimatstadt
une douzaine	etwa zwölf	viser qc	auf etw zielen
une lueur d'amusement	ein belustigtes Funkeln	visqueux(-euse)	dickflüssig
		la vocation	Berufung
une partie d'échecs	ein Schachspiel	la voix pâteuse	hier: mit verwaschener Stimme
une vingtaine	etwa zwanzig		
un genre d'homme d'affaires	eine Art Geschäftsmann	le vol	hier: Flug
		le volant	Lenkrad
un pas en avant	ein Schritt nach vorne	le vol intérieur	Inland(s)flug
		le vol long-courrier	Langstreckenflug
un type bien	ein anständiger Kerl, hier: ein guter Junge	Vous avez trois chances.	Sie dürfen dreimal versuchen.
		Vous nous avez manqué.	Wir haben Sie vermisst.
l'usine (f)	Fabrik		
vaincu(e)	besiegt, geschlagen	vous tirer dessus	hier: auf Sie schießen
la valeur	Wert	les yeux (m Pl) écarquillés	aufgerissene Augen
la valeur sentimentale	ideeller, persönlicher Wert; Erinnerungswert		
		les yeux (m Pl) exorbités de terreur	mit vor Schreck aufgerissenen Augen
varié(e)	hier: verschieden	s'y mettre	sich daranmachen

BILDQUELLEN

Umschlag:
zef art/Shutterstock

S. 3: (Dominic Butler): Dominic Butler, (Virginie Pironin): Virginie Pironin;
S. 6-7 (Stecknadel) PONS GmbH Stuttgart; (Landkarte) Rainer Lesniewksi/
Shutterstock; **S. 16** Santi Rodriguez/Shutterstock; **S. 31** Sophie Mahdavi/
Shutterstock; **S. 49** EQRoy/Shutterstock; **S. 63** THP Creative/Shutterstock;
S. 71 BOULENGER Xavier/Shutterstock; **S. 82** Paroo/Shutterstock;
S. 92 saiko3p/Shutterstock; **S. 104** Louis-Michel DESERT/Adobe Stock;
S. 114 Pawel Kazmierczak/Shutterstock